新能源汽车动力电池
及管理系统检修

主　　编　魏　星

副 主 编　邢海波　赵　艳　董文卓

参　　编　刘　英　张东军　钟　原
　　　　　周晨旸　赖燕梅

机械工业出版社
CHINA MACHINE PRESS

本书是围绕新能源汽车相关专业"岗课赛证"综合育人的教育理念与教学要求，采用"基于工作过程"的方式编写的。编者在对新能源汽车技术技能人才岗位特点、职业技能等级证书和"校-省-国家"三级大赛体系进行调研的基础上，分析出岗位典型工作任务，进而创设真实的工作情景，引入企业岗位真实的生产项目，强化产教深度融合，从而构建了整套系统化的课程体系。

本书共分为5个项目，包括单体蓄电池检修、动力电池系统检修、BMS检修、充电系统检修、动力电池热管理系统检修。

本书以学生为中心、以职业能力为本位、以学习成果为导向，让学生在教师指导下经历完整的工作过程、创设沉浸式教学环境，并在交互体验的过程中建构专业知识、训练专业技能，从而促进学生自主学习能力的提升。每一个任务均以任务目标、任务框图、任务导入、任务分组、获取信息、工作计划、进行决策、任务实施、评价反馈这9个环节为主线，帮助学生在动手操作和了解行业发展的过程中领会团结合作的重要性，培养其执着专注、精益求精、一丝不苟、追求卓越的工匠精神。

本书可作为高等职业院校新能源汽车技术、新能源汽车检测与维修技术、汽车检测与维修技术、汽车电子技术、汽车制造与试验技术等专业的教材，也可供从事本专业工作的工程技术人员参考。

为方便教学和学习使用，本书配有电子课件、电子教案、教学设计、习题、微课等资源，凡使用本书作为教材的教师均可登录机械工业出版社教育服务网（www.cmpedu.com）注册后免费下载。

图书在版编目（CIP）数据

新能源汽车动力电池及管理系统检修 / 魏星主编. —北京：机械工业出版社，2023.6（2025.2重印）

ISBN 978-7-111-72961-7

Ⅰ.①新… Ⅱ.①魏… Ⅲ.①新能源—汽车—蓄电池—检修 Ⅳ.①U469.720.7

中国国家版本馆CIP数据核字（2023）第059744号

机械工业出版社（北京市百万庄大街22号　邮政编码100037）
策划编辑：师　哲　　　　　责任编辑：师　哲　张双国
责任校对：王荣庆　许婉萍　　封面设计：王　旭
责任印制：刘　媛
涿州市般润文化传播有限公司印刷
2025年2月第1版第4次印刷
210mm×285mm・11.5印张・274千字
标准书号：ISBN 978-7-111-72961-7
定价：49.80元

电话服务　　　　　　　　　　网络服务
客服电话：010-88361066　　　机　工　官　网：www.cmpbook.com
　　　　　010-88379833　　　机　工　官　博：weibo.com/cmp1952
　　　　　010-68326294　　　金　书　网：www.golden-book.com
封底无防伪标均为盗版　　机工教育服务网：www.cmpedu.com

编审委员会

主 任
董大伟　吉林铁道职业技术学院

顾 问
吴立新　行云新能科技（深圳）有限公司

副主任
孙志刚　吉林铁道职业技术学院
邢海波　吉林铁道职业技术学院
刘尚达　吉林铁道职业技术学院
刘斯源　深圳市比亚迪锂电池有限公司
王　珍　比亚迪汽车工业有限公司
罗忠良　比亚迪汽车工业有限公司
罗红斌　比亚迪汽车工业有限公司

委 员
付　寅　比亚迪汽车工业有限公司
黄前好　比亚迪汽车工业有限公司
樊高杰　比亚迪汽车工业有限公司
秦世嵘　比亚迪汽车工业有限公司
荀　猛　比亚迪汽车工业有限公司
许云龙　比亚迪汽车工业有限公司
黄　辉　比亚迪汽车工业有限公司
李传博　比亚迪汽车工业有限公司
张庆锋　比亚迪汽车工业有限公司
李　明　比亚迪汽车工业有限公司
杨应葵　比亚迪汽车工业有限公司
徐细亮　比亚迪汽车工业有限公司
禹　炜　比亚迪汽车工业有限公司
许亚兰　比亚迪汽车工业有限公司
曾清波　比亚迪汽车工业有限公司
童少军　比亚迪汽车工业有限公司

前言 Preface

　　汽车产业是国民经济的重要支柱产业，在国民经济和社会发展中发挥着重要作用，新能源汽车更是国家实施能源战略调整和汽车产业转型升级的重要抓手。发展新能源汽车一方面能够解决能源问题与环境问题，推进节能减排；另一方面，发展新能源汽车也是我国从汽车大国迈向汽车强国的必由之路。

　　我国新能源汽车发展以"三纵三横"为技术路线，以纯电动汽车、插电式混合动力（含增程式）汽车、燃料电池汽车为"三纵"，布局整车技术创新链；以动力电池与管理系统、驱动电机与电力电子、网联化与智能化技术为"三横"，构建关键零部件技术供给体系。动力电池技术是新能源汽车现阶段技术瓶颈之一，而动力电池管理技术是保障整车高效、安全以及动力电池长寿命运行的核心和关键，也是各国竞相占领的技术制高点。

　　本套教材的开发团队参照《职业教育专业目录 2021》汽车相关专业调研了主机厂、主机厂指定服务商、部件厂、各类汽车维修企业等相关企业和新能源汽车组装、测试、售后、救援等相关岗位，分析了汽车销售顾问、测试工程师、售后服务顾问、维修技师、动力电池研发工程师等岗位的实际工作任务，依据国家教学标准要求，组织了相关学校教师和企业专家，结合其多年的教学经验和实践基础，以比亚迪汽车秦 EV 车型为蓝本，开发了本书。

　　本书聚焦"岗课赛证"综合育人理念，贯彻落实党的二十大精神，用社会主义核心价值观铸魂育人，同时按照活页式教材形式打造，借助"互联网+"及信息技术，紧抓数字化机遇，将二维码等数字技术融入教材，助力学生学习成长，进一步丰富、优化、更新教材数字化资源，推进教育数字化。

　　本书分为单体蓄电池检修、动力电池系统检修、BMS检修、充电系统检修、动力电池热管理系统检修 5 个项目，共有 15 个学习任务，以"做中学"为主导，以程序性知识为主体，配以必要的陈述性知识和策略性知识，重点强化"如何做"，将必要知识点穿插于各个"做"的步骤中，边学习、边实践，同时将"课程思政"融入课程的培养目标，在实训教学中渗透理论的讲解，使所学到的知识能够融会贯通，培养学生具有独立思考、将理论运用于实践的动手能力，成为从事新能源汽车相关工作的高素质技能型专门人才。

　　本书由吉林铁道职业技术学院和行云新能科技（深圳）有限公司联合开发，并由比亚迪汽车工业有限公司进行审稿。魏星任主编，邢海波、赵艳、董文卓任副主编，刘英、张东军、钟原、周晨旸、赖燕梅参编。

　　由于编者水平所限，书中不妥或错误之处在所难免，恳请读者提出宝贵建议，以便修订时予以纠正。

编　者

二维码索引

名称	图形	页码	名称	图形	页码
铅酸蓄电池构造		003	交流充电流程		120
锂离子蓄电池的测量		014	直流充电流程		121
单体蓄电池过放故障排除		023	交流充电系统认知		130
锂离子蓄电池认知		034	车载充电机认知		132
动力电池放电模式		040	直流充电系统认知		139
动力电池外观检查		062	直流充电口电路故障检测		142
锂离子蓄电池充电四阶段		074	动力电池热管理系统加热系统结构		155
蓄电池管理系统告警参数设置		088	动力电池热管理系统水泵检测		165
BMS供电故障检修		097	动力电池热管理系统四通电磁阀检测		167
BMS通信电路故障检修		100	冷却风扇低速档不运转的故障维修		168

目 录 Contents

前言
二维码索引

项目一　单体蓄电池检修 ·· 001
　　任务一　常见单体蓄电池认知 ·· 001
　　任务二　单体蓄电池性能 ·· 013
　　任务三　单体蓄电池常见故障检修 ·· 022

项目二　动力电池系统检修 ·· 031
　　任务一　动力电池认知 ··· 031
　　任务二　动力电池PACK检测 ··· 048
　　任务三　动力电池的使用与维护 ··· 058
　　任务四　动力电池均衡 ··· 070

项目三　BMS检修 ··· 084
　　任务一　BMS认知 ··· 084
　　任务二　BMS数据采集与分析 ·· 094
　　任务三　BMS故障诊断与维护 ·· 107

项目四　充电系统检修 ·· 118
　　任务一　充电系统认知 ··· 118
　　任务二　交流充电系统故障诊断 ··· 128
　　任务三　直流充电系统故障诊断 ··· 138

项目五　动力电池热管理系统检修 ·· 148
　　任务一　动力电池热管理系统认知 ·· 148
　　任务二　动力电池热管理系统故障诊断与检修 ··· 164

　　参考文献 ·· 176

项目一
单体蓄电池检修

任务一　常见单体蓄电池认知

任务目标

知识目标
1. 了解单体蓄电池的定义。
2. 掌握单体蓄电池的工作原理及分类。
3. 了解比亚迪秦 EV 单体蓄电池系统的组成与工作原理。

技能目标
1. 具有辨识单体蓄电池的能力。
2. 具有搭建单体蓄电池充放电电路的能力。

素养目标
1. 培养认真严谨、积极主动、安全生产、文明施工的工作态度。
2. 与小组成员、同学之间能合作交流、协调工作。
3. 严格按照工作方案操作，按计划完成工作任务。

任务框图

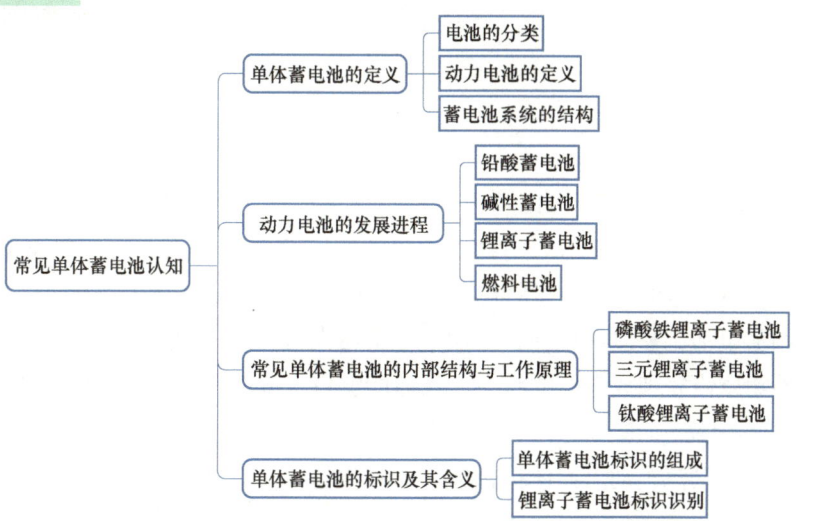

| 002 | 姓名 | 班级 | 日期 |

新能源汽车动力电池及管理系统检修

📥 任务导入

工作台上放了几种不同的单体蓄电池，作为一名助理工程师，你能从蓄电池的标签上获得哪些信息？

👥 任务分组

学生任务分配表见表 1-1-1。

表 1-1-1　学生任务分配表

班　级		组　号		指导老师	
组　长		学　号			
组　员	姓名：	学号：	姓名：		学号：
	姓名：	学号：	姓名：		学号：
	姓名：	学号：	姓名：		学号：
	姓名：	学号：	姓名：		学号：
任　务　分　工					

（就组织讨论、工具准备、数据采集、数据记录、安全监督、成果展示等工作内容进行任务分工）

🌐 获取信息

❓ 引导问题 1：请查阅相关资料，简述单体蓄电池的定义。

_____
_____

💡 知识点提示

一、单体蓄电池的定义

1. 电池的分类

按照电池的能量来源不同，可以将电池分为化学电池、物理电池、生物电池三大类，如图 1-1-1 所示。其中，化学电池是利用物质的化学反应发电的电池；物理电池是利用光、热、物理吸附等物理能量发电的电池；生物电池是利用生物化学反应发电的电池。

后文要介绍的电池都是二次电池，二次电池即蓄电池。二次电池的特征是电池放电后可用充电方法使活性物质恢复到放电前的状态，从而能够再次放电，其充、放电过程能重复。

2. 动力电池的定义

动力电池是为电动汽车动力系统提供能量的蓄电池。

3. 蓄电池系统的结构

（1）**单体蓄电池**　将化学能与电能进行相互转换的基本单元装置，也称作电芯，通常包括电极、隔膜、电解质、外壳和端子，并被设计成可充电。

（2）**蓄电池模块**　将两个或两个以上单体蓄电池按照串联、并联或串并联方式组合作为电源使用的组合体，也称作蓄电池组。

（3）**动力电池箱**　用于盛装蓄电池组、BMS以及相应的辅助元器件，并包含机械连接、电气连接、防护等功能的总成，又称为蓄电池箱。

（4）**蓄电池包**　通常包括蓄电池组、BMS、蓄电池箱及相应附件（冷却部件、连接线缆等），具有从外部获得电能并可对外输出电能的单元。

（5）**蓄电池管理系统（BMS）**　监视蓄电池的状态（温度、电压、荷电状态等），可以为蓄电池提供通信、安全、单体蓄电池均衡及管理控制，并提供与应用设备通信接口的系统。

（6）**蓄电池系统**　一个或一个以上蓄电池包及相应附件（管理系统、高压电路、低压电路、热管理设备及机械总成等）构成的能量存储装置。

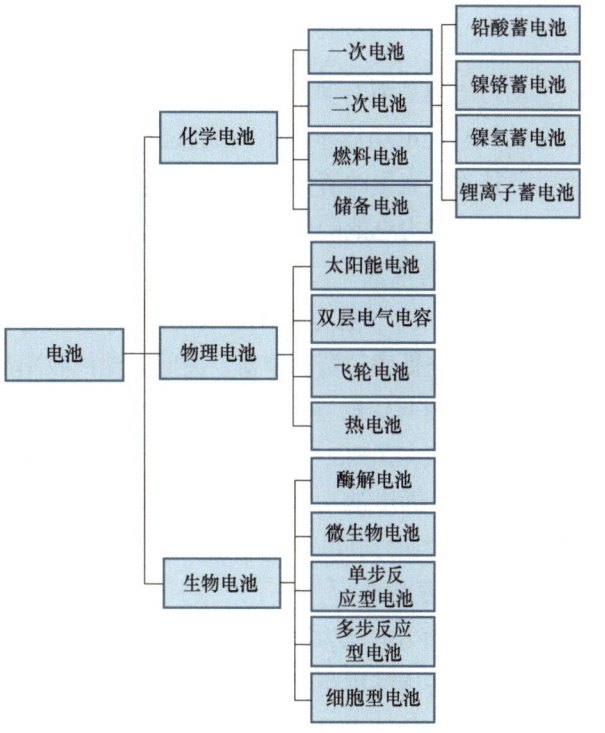

图 1-1-1　电池的分类

? 引导问题2：请查阅相关资料，简述铅酸蓄电池的优点有哪些。

铅酸蓄电池构造

? 引导问题3：请查阅相关资料，简述最受研发机构和汽车厂商青睐的具有潜力的车载动力电池是哪一种。

竞赛指南　　在2019年中国技能大赛——全国新能源汽车关键技术技能大赛的理论知识竞赛中，汽车电动化的组卷占比约60%，在汽车电动化模块的出题范围中，就包括了蓄电池技术的现状及发展趋势（例如能量密度、使用寿命等）分析。

知识点提示

二、动力电池的发展进程

动力电池是纯电动汽车驱动能量的唯一来源，直接影响电动汽车的动力性能、续驶能力和安全性。从纯电动汽车成本构成看，动力电池系统占据了新能源汽车成本的30%～50%。动力电池技术一直影响着电动汽车实用化的进程。根据动力电池的使用特点、要求、应用领域不同，国内外动力电池的研发历史大致如下。

1. 铅酸蓄电池

第一代动力电池为铅酸蓄电池，主要是阀控密封式铅酸蓄电池，其优点是大电流放电性能良好、价格低廉、资源丰富、废旧电池回收率高。缺点是质量比能量低，主要原材料铅有污染。阀控式密封铅酸蓄电池一度成为重要的车用动力电池，应用在众多欧洲和美国汽车公司开发的电动汽车（Electric Vehicle，EV）和混合动力汽车（Hybrid Electric Vehicle，HEV）上。未来使用铅酸蓄电池来驱动在高速公路上行驶的电动汽车是不切实际的，但价格优势使其在轻度混合或者短途行驶的电动汽车（如观光车）能源中仍占有一席之地。

2. 碱性蓄电池

第二代动力电池为碱性蓄电池，如镍镉蓄电池、镍氢蓄电池。镍镉蓄电池因存在镉污染问题，被欧盟各国禁用于动力电池；镍氢蓄电池的性价比明显比铅酸蓄电池高，是目前混合动力汽车主要使用的动力电池。镍氢蓄电池具有良好的耐过充、过放电能力，不存在重金属污染问题，而且在工作过程中不会出现电解液增减现象，可以实现密封设计、免维护。与铅酸蓄电池和镍镉蓄电池相比，镍氢蓄电池具有较高的比能量、比功率及循环寿命。

镍氢蓄电池的记忆效应不是很明显，而且随着充放电循环的进行，储氢合金逐渐失去催化能力，镍氢蓄电池的内压会逐渐升高，影响到其使用。此外，镍金属昂贵的价格导致其成本较高。目前，电动汽车用镍氢蓄电池已实现了批量生产和使用，是混合动力汽车研制中应用最多的车载动力电池类型。

3. 锂离子蓄电池

第三代动力电池为锂离子蓄电池。锂离子蓄电池的能量密度高于阀控式密封铅酸蓄电池和镍氢蓄电池，质量比能量达到200W·h/kg，单体蓄电池电压高（3.6V），待其安全问题解决以后将是最具竞争力的动力电池。锂离子蓄电池具有相对较高的工作电压和较大的比能量，是镍氢蓄电池的3倍。锂离子蓄电池体积小、重量轻、循环寿命长、自放电率低、无记忆效应且无污染。

锂电池大致可分为两类：锂金属电池和锂离子蓄电池。锂金属电池是以二氧化锰作为正极材料、用金属锂或锂合金作为负极材料，使用非水解电解质溶液的电池。由于锂金属电池的化学特性太过活泼，因此锂金属电池无论是加工、保存还是使用，对于环境的要求都非常高，而且锂金属电池属于一次电池，所以没有得到广泛推广和应用。锂离子蓄电池是以石墨或钛酸锂作为负极材料，用锂钴氧化物、锂镍氧化物、锂锰氧化物、磷酸铁锂等作为正极材料，使用非水电解质的电池。锂离子蓄电池具有循环寿命高、比能量大、自放电小、电压高等特点，因而被广泛应用于各类消费类电子产品中，例如手机、平板电脑、笔记本电脑等，锂离子蓄电池在电动汽车领域也发挥着很重要的作用。

锂离子蓄电池是目前纯电动车用动力电池研发的主要方向。在锂离子蓄电池中，磷酸铁锂离子蓄电池由于比能量、比功率较三元锂离子蓄电池低，但是循环寿命长、安全性高，因此在大型纯电动汽车应用方面更具优势。

4. 燃料电池

第四代动力电池为质子交换膜燃料电池和直接甲醇燃料电池，其特点是无污染，放电产物为 H_2O，是真正的电化学发电装置。燃料电池是一种将存在于燃料与氧化剂中的化学能直接转化为电能的发电装置。

燃料电池是一种使用燃料进行化学反应产生电能的装置，所用燃料包括纯氢气、甲醇、乙醇、天然气以及汽油。按电解质的种类不同，燃料电池可分为碱性燃料电池、磷酸燃料电池、熔融碳酸盐燃料电池、固体氧化物燃料电池、质子交换膜燃料电池等。最常见的燃料电池是以氢气为燃料的质子交换膜燃料电池，其燃料价格便宜，无化学危险，对环境无污染，发电后产生纯水和热，这是目前其他动力电池无法做到的。质子交换膜燃料电池以纯氢为燃料，以空气为氧化剂，不经历热机过程，不受卡诺循环限制，因此能量的转换效率高，可达普通内燃机热效率的 2～3 倍。

阀控式密封铅酸蓄电池、镍氢蓄电池和锂离子蓄电池均属于电能转换和储能装置，动力电池本身并不能发出电能，必须对动力电池进行充电，将电能转换成化学能，使用时将化学能转变为电能作为车载动力，所以这类动力电池目前仍然要消耗矿物燃料发出的电能。燃料电池是车载动力最经济、最环保的解决方案，但是要实现商业化还有许多问题需要解决，如价格昂贵、采用贵金属铂和铑作为催化剂、氢的贮存运输等问题。

> **❓ 引导问题 4**：请查阅相关资料，简述镍氢蓄电池的工作原理。
> _____
> _____
> _____

> **❓ 引导问题 5**：请查阅相关资料，简述磷酸铁锂离子蓄电池的工作原理。
> _____
> _____
> _____

💡 知识点提示

三、常见单体蓄电池的内部结构与工作原理

1. 磷酸铁锂离子蓄电池

磷酸铁锂离子蓄电池是一种使用磷酸铁锂（$LiFePO_4$）作为正极材料、碳作为负极材料的锂离子蓄电池，单体标称电压为 3.2V，充电截止电压为 3.6~3.65V，放电截止电压为 2.5V，最大持续放电倍率为 3C。

其单体如图 1-1-2 所示，内部结构如图 1-1-3 所示。

图 1-1-2　磷酸铁锂离子蓄电池单体

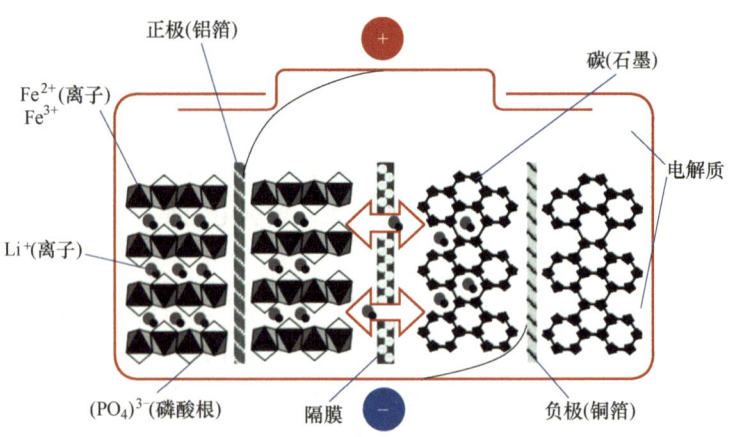

图 1-1-3　磷酸铁锂离子蓄电池内部结构

磷酸铁锂离子蓄电池正极由橄榄石结构的 $LiFePO_4$ 组成，负极由石墨组成，中间是聚烯烃 PP/PE/PP 隔膜，用于隔离正极和负极、阻止电子而允许锂离子通过。在充、放电的过程中，磷酸铁锂离子蓄电池正极的离子、电子得失如下：

充电：$LiFePO_4 - xLi^+ - xe^- \xrightarrow{充电} xFePO_4 + (1-x)LiFePO_4$

放电：$FePO_4 + xLi^+ + xe^- \xrightarrow{放电} xLiFePO_4 + (1-x)FePO_4$

充电时，锂离子从正极脱嵌经过电解质进入负极，同时电子从外电路由正极向负极移动，以保证正、负极的电荷平衡；放电时，锂离子从负极脱嵌，经过电解质嵌入正极。

充电过程中，磷酸铁锂中的部分锂离子脱出，经电解质传递到负极，嵌入负极碳材料；同时从正极释放出电子，自外电路到达负极，维持化学反应的平衡。放电过程中，锂离子自负极脱出，经电解质到达正极，同时负极释放电子，自外电路到达正极，为外界提供能量。

2. 三元锂离子蓄电池

常用的三元锂离子蓄电池有镍钴锰（$LiNi_xCo_yMn_zO_2$，NCM）三元锂离子蓄电池和镍钴铝（$LiNi_xCo_yAl_zO_2$，NCA）三元锂离子蓄电池。其中，镍元素起到提升蓄电池能量密度的作用；钴元素能提高材料的放电容量，且能稳定蓄电池材料结构。NCA 三元锂离子蓄电池中的铝元素能帮助提高蓄电池的稳定性，还可以帮助提升镍含量，使蓄电池具有更高的能量密度；然而，NCA 三元锂离子蓄电池的晶体结构不稳定，容易在较高温度下发生崩塌导致热失控。NCM 三元锂离子蓄电池中的锰元素能帮助提高充、放电过程中蓄电池的稳定性。相较而言，NCM 三元锂离子蓄电池的续驶能力虽比不上 NCA 三元锂离子蓄电池，但是更为稳定和安全。考虑到蓄电池的安全性和稳定性，大多数蓄电池厂商采用 NCM 三元锂离子蓄电池。

通常所说的三元锂离子蓄电池是指正极材料使用镍钴锰酸锂（$LiNi_xCo_yMn_zO_2$）三元正极材料的锂离子蓄电池。三元复合正极材料前驱体产品以镍盐、钴盐、锰盐为原料，里面镍钴锰的比例可以根据实际需要调整，三元材料做正极的锂离子蓄电池相对于钴酸锂离子蓄电池安全性高。三元锂离子蓄电池在低温条件下表现更好，不容易出现降低续驶里程的情况，而且能量密度比磷酸铁锂离子蓄电池高，在同样的体积下电容量更大。三元锂离子蓄电池单体标称电压为 3.6V，充电截止电压为 4.20~4.25V，放电截止电压为 2.75V，最大持续放电倍率为 1C。

其单体如图 1-1-4 所示，内部结构如图 1-1-5 所示。

图 1-1-4　三元锂离子蓄电池单体

镍钴锰三元锂离子蓄电池的充放电依赖于 Li^+ 的浓度差，在充放电过程中，由于隔膜本身是不导电的，阻碍了正、负极之间的电子传输，导致电子只能通过外电路进行流动，而锂离子却可以通过隔膜和电解液在正、负极之间不断地嵌入和脱出，从而实现能量的转移。在外部电源进行充电过程中，从正极脱落的 Li^+ 进入电解质中，在充电器附加的外电场作用下通过隔膜运动到负极，与通过外部电路运动到负极的电子相结合，正极脱离的 Li^+ 越多，充电容量就越高；放电过程与之相反，正、负极一直交替处于富锂态和贫锂态。其化学表达式如下所示。

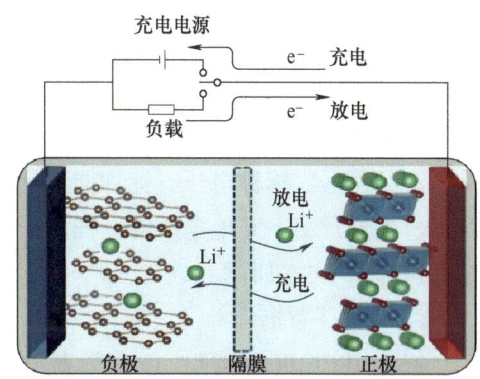

图 1-1-5　三元锂离子蓄电池内部结构

放电时：

正极反应：$LiMO_{1-x}+xLi^++xe^- \rightarrow LiMO_m$

负极反应：$Li_xC_n \rightarrow xLi^++xe^-+C_n$

充电时：

正极反应：$LiMO_m \rightarrow LiMO_{1-x}+xLi^++xe^-$

负极反应：$xLi^++xe^-+C_n \rightarrow Li_xC_n$

总反应：

电池放电反应：$LiMO_{1-x}+Li_xC_n \rightarrow LiMO_m+C_n$

电池充电反应：$LiMO_m+C_n \rightarrow LiMO_{1-x}+Li_xC_n$

以上反应式中，M 为 Co、Ni、Mn。

3. 钛酸锂离子蓄电池

钛酸锂离子蓄电池一般用钛酸锂作负极，用锰酸锂、三元材料或磷酸铁锂作正极材料。还可以用钛酸锂作正极，用金属锂或锂合金作负极。由于钛酸锂有高安全性、高稳定性、长寿命和绿色环保的特点，被用作新一代锂离子蓄电池的负极材料而被广泛应用在新能源汽车要求高安全性、高稳定性和长周期的应用领域。钛酸锂离子蓄电池单体工作电压 2.4V，最高电压为 3.0V，持续充电电流大于 2C。其结构如图 1-1-6 所示。

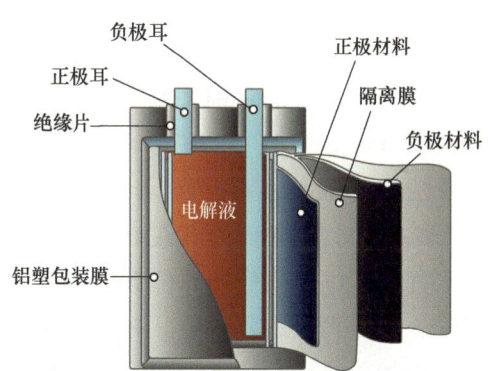

图 1-1-6　钛酸锂离子蓄电池的结构

锂离子蓄电池的工作原理：内电路中，正、负极中的锂离子连续嵌入和脱出；外电路中，等量电子移动产生电流和电压。

钛酸锂离子蓄电池充、放电时的反应式如下（正、逆反应方向分别为充、放电）：

正极：$LiNi_{1/3}Mn_{1/3}Co_{1/3}O_2 \rightleftharpoons Li_{1-x}Ni_{1/3}Mn_{1/3}Co_{1/3}O_2+xLi^++xe^-$

负极：$Li_4Ti_5O_{12}+xLi^++xe^- \rightleftharpoons Li_4+xTi_5O_{12}$

总反应：$LiNi_{1/3}Mn_{1/3}Co_{1/3}O_2+Li_4Ti_5O_{12} \rightleftharpoons Li_4+xTi_5O_{12}+Li_{1-x}Ni_{1/3}Mn_{1/3}Co_{1/3}O_2$

> ❓ **引导问题 6**：请查阅相关资料，简述电池标识 ICR18650 代表的含义。

知识点提示

四、单体蓄电池的标识及其含义

1. 单体蓄电池标识的组成

单体蓄电池的标识上一般含有产品名称、产品型号、标称电压、标称能量、标称容量、生产厂家、充电电压等。锂离子电池组标识如图 1-1-7 所示。

2. 锂离子蓄电池标识识别

根据 IEC61960 标准,锂离子蓄电池标识为 3 个字母后跟 5 位数字(圆柱形)或 6 位数字(方形)。锂离子蓄电池标识的含义如下:

1)第 1 个字母表示蓄电池的负极材料:I 代表锂离子;L 代表锂金属或锂合金。

图 1-1-7 锂离子电池组标识

2)第 2 个字母表示蓄电池的正极材料:C 为基于钴的电极;N 为基于镍的电极;M 为基于锰的电极;V 为基于钒的电极。

3)第 3 个字母表示蓄电池的形状:R 表示圆柱形蓄电池;P 表示方形蓄电池。

4)数字:圆柱形蓄电池型号用 5 位数字表示,分别表示蓄电池的直径和高度,前两位表示直径,后两位表示高度,直径的单位为 mm,高度的单位为 0.1mm,直径或高度任一尺寸大于或等于 100mm 时,两个尺寸之间应加一条斜线。常见的型号:18650、26650、32650、38650、46800。

示例:18650B 蓄电池,18 代表蓄电池的直径为 18mm、65 代表蓄电池的高度为 6.5mm、0 代表圆柱形蓄电池、B 代表 B 品蓄电池。图 1-1-8 所示为 NCR18650 B 品蓄电池。

方形蓄电池型号用 6 位数字表示,前两位表示蓄电池的厚度,中间两位表示蓄电池的宽度,最后两位表示高度,单位均为 mm。3 个尺寸任意一个大于或等于 100mm 时,尺寸之间应加斜线;3 个尺寸中若有任意一个小于 1mm,则在此尺寸前加字母 t,此尺寸单位为 0.1mm。

示例:方形蓄电池 623450AR/AL,62 代表蓄电池的厚度为 62mm;34 代表蓄电池的宽度为 34mm;50 代表蓄电池的高度为 50mm;A 代表 A 品蓄电池;R 代表圆角蓄电池;L 代表直角蓄电池。图 1-1-9 所示为方形直角/弯角蓄电池。

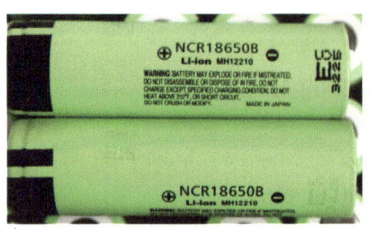

图 1-1-8 NCR18650 B 品蓄电池

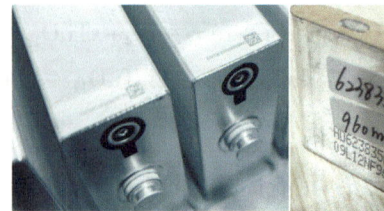

图 1-1-9 方形直角/弯角蓄电池

部分锂离子蓄电池标识及其含义见表 1-1-2。

表 1-1-2　部分锂离子蓄电池标识及其含义

标　识	含　　义		
ICR18650	表示一个圆柱形二次锂离子蓄电池	正极材料为钴	直径约 18mm，高约 65mm
ICP083448	表示一个方形二次锂离子蓄电池	正极材料为钴	厚约 8mm，宽约 34mm，高约 48mm
ICP08/34/150	表示一个方形二次锂离子蓄电池	正极材料为钴	厚约 8mm，宽约 34mm，高约 150mm
ICPt73448	表示一个方形二次锂离子蓄电池	正极材料为钴	厚约 0.7mm，宽约 34mm，高约 48mm

工作计划

按照所学知识和小组内部讨论的结果，制订工作计划（表 1-1-3），包括资料查阅渠道的落实、任务实施中的内容分工等。

表 1-1-3　工作计划表

步骤	工作内容	负责人
1		
2		
3		
4		
5		

进行决策

1. 各组派代表阐述资料查询结果。
2. 各组就各自的查询结果进行交流并分享技巧。
3. 教师结合各组完成的情况进行点评，选出最佳方案。

任务实施

一、设备及工具准备

设备及工具准备见表 1-1-4。

表 1-1-4　设备及工具准备

序号	设备及工具名称	数　　量
1	数字万用表	1个
2	动力电池分容柜	1个
3	圆柱形蓄电池	1个
4	方形蓄电池	1个
5	游标卡尺	1套

二、场地设备准备

任务实施前需要做好场地防护准备，检查实训场地和设备设施是否存在安全隐患。如果不正常，应汇报教师并进行处理后才可实施任务。

三、安全防护准备

1）圆柱形蓄电池正、负极在上、下表面，使用游标卡尺测量蓄电池高度时注意不要使卡尺触碰上、下表面金属部分，以免造成短路。

2）将单体蓄电池放置在分容柜上，注意选择正确的仓位以及单体蓄电池正、负极朝向。

3）如果单体蓄电池正、负极标识不清晰，须先使用万用表检测，以确定正、负极。

4）分容柜不支持串联充、放电，使用分容柜进行充、放电时，注意设置蓄电池保护参数。

5）单体蓄电池充电和放电各存在电压上限和下限，不同类型蓄电池一般不尽相同，充电时应根据实际情况进行调整。

四、实训记录

实训记录见表 1-1-5~ 表 1-1-7。

表 1-1-5 单体蓄电池的辨识

序号	步　　骤	记　　录	完成情况
1	圆柱形蓄电池的识别　圆柱形蓄电池的型号标注方法一般是直径+高度+蓄电池类型；部分圆柱形电池型号标注不清晰的蓄电池可通过游标卡尺进行测量直径和高度来判定型号		已完成□ 未完成□
2	方形蓄电池的识别　方形蓄电池的6个数字，分别表示蓄电池的厚度、宽度和高度，单位为mm。使用游标卡尺对方形蓄电池底边厚度、宽度和高度分别测量		已完成□ 未完成□
3	判定蓄电池正负极　方形蓄电池的正、负极在蓄电池的上表面，标有正极、负极标识。圆柱形蓄电池未标注正、负极，一般上表面为正极有凸起，下表面为负极。如果是特殊蓄电池，可使用万用表检测出正、负极		已完成□ 未完成□
4	使用万用表检测蓄电池的正、负极 使用万用表检测圆柱形电池和方形蓄电池的正、负极，万用表调至直流电压档，红、黑表笔分别接触圆柱形蓄电池下、上表面或方形、蓄电池上表面凸起，若测得蓄电池电压为正数，则证明红表笔接触的为正极、黑表笔接触的为负极。否则相反		已完成□ 未完成□

表 1-1-6　搭建单体蓄电池基础的充电电路

序号	步　骤	记　录	完成情况
1	放置单体蓄电池时查看标识，方形蓄电池正极朝外 		已完成□ 未完成□
2	启动仓位开关。可看到通道一有电压，证明接触良好，蓄电池安装正确		已完成□ 未完成□
3	长按通道一，出现圆形光圈后松开，单击启动，调整出设置界面		已完成□ 未完成□
4	单体蓄电池常规充电方式有 3 种，分别是恒流充电、恒压充电和恒功率充电。需要对这 3 种充电方式在蓄电池的容量、充电电压值和充电功率有基本认知		已完成□ 未完成□
5	随着充电时间增加，可直观看见蓄电池电压上升，但是充电电流始终保持不变，充电电压和充电电流的乘积恒为固定值，达到截止固定电压时，充电截止		已完成□ 未完成□

表 1-1-7　搭建单体蓄电池基础放电电路

序号	步　骤	记　录	完成情况
1	常规的单体蓄电池放电方式分为恒流放电、恒电阻放电和恒功率放电 3 种。此实验只对恒流放电和恒功率放电两种方式进行实验		已完成□ 未完成□
2	对恒流放电过程的认知：在放电过程中，放电电流始终不变，放电电压逐渐减小		已完成□ 未完成□
3	对恒功率放电过程的认知：在放电过程中，放电功率始终保持不变。根据不同单体蓄电池放电功率设置有不同的需求		已完成□ 未完成□

评价反馈

1. 各组代表展示汇报 PPT，介绍任务的完成过程。
2. 以小组为单位，对各组的操作过程与操作结果进行自评和互评，将结果填入表 1-1-8 中。

表 1-1-8　学生评价表

姓名			学号		班级			组别			
实训任务											
评价项目	分值	等级				评价对象（组别）					
		A	B	C	D	1	2	3	4	5	6	7	8
方案合理	20	20	15	10	5								
团队合作	20	20	15	10	5								
工作质量	20	20	15	10	5								
工作规范	20	20	15	10	5								
汇报展示	20	20	15	10	5								
合计	100	各组得分											
总结与反思													

（如：学习过程中遇到的问题→如何解决的 / 解决不了的原因→心得体会）

3. 教师对学生工作过程与工作结果进行评价，将评价结果填入表 1-1-9 中。

表 1-1-9　教师对学生评价表

姓名			学号		班级		组别	
实训任务								
评价项目			评价标准				分值	得分
考勤（10%）			无无故迟到、早退、旷课现象				10	
工作过程（60%）	知识目标	获取信息	掌握工作相关知识				10	
		进行决策	制订工作方案，方案合理可行				10	
	技能目标	任务实施	了解单体蓄电池的定义及分类				5	
			能够通过蓄电池编号，判断蓄电池的参数				5	
			能够搭建单体蓄电池基础充、放电电路				10	
	素养目标	工作态度	认真严谨、积极主动、安全生产、文明施工				5	
		团队合作	与小组成员、同学之间能合作交流、协调工作				5	
		工作质量	严格按照工作方案操作，按计划完成工作任务				10	
项目成果（30%）		工作完整	能按时完成工作任务的所有环节				10	
		工作规范	能在整个操作过程中规范操作，避免意外事故发生				10	
		汇报展示	能准确表达、汇报工作成果				10	
合计							100	
综合评价		学生评价（50%）		教师评价（50%）			综合得分	
综合评语		（作业过程中存在的问题及改进建议）						

任务二　单体蓄电池性能

任务目标

知识目标
1. 了解单体蓄电池的性能参数。
2. 掌握锂离子蓄电池的不一致性问题。
3. 了解比亚迪秦 EV 单体蓄电池系统的组成与工作原理。

技能目标
具有使用蓄电池分容柜测算单体蓄电池的容量和恒流比的能力。

素养目标
1. 培养认真严谨、积极主动、安全生产、文明施工的工作态度。
2. 与小组成员、同学之间能合作交流、协调工作。
3. 严格按照工作方案操作，按计划完成工作任务。

任务框图

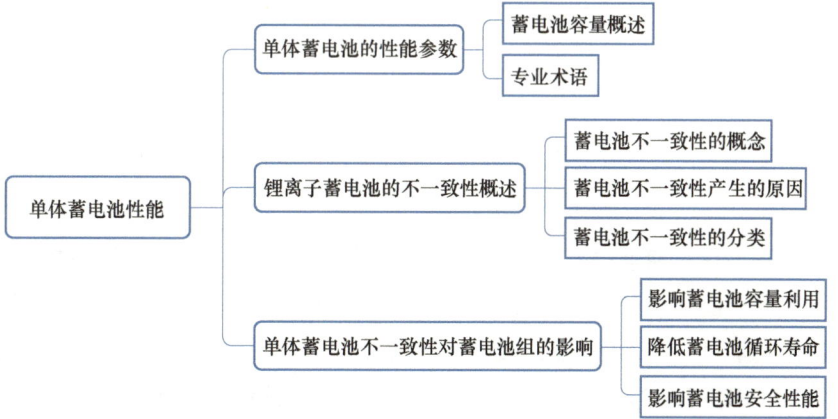

任务导入

供应链部门的同事给了你几件不同蓄电池生产企业提供的单体蓄电池样品，要求你选择其中性能相近的单体蓄电池组成蓄电池组。你作为一名蓄电池测试助理工程师，应该用哪些方法去检测这些样品，筛选出合适的蓄电池呢？

任务分组

学生任务分配表见表 1-2-1。

表 1-2-1　学生任务分配表

班　级		组　号		指导老师	
组　长		学　号			
组　员	姓名：_____	学号：_____	姓名：_____	学号：_____
	姓名：_____	学号：_____	姓名：_____	学号：_____
	姓名：_____	学号：_____	姓名：_____	学号：_____
	姓名：_____	学号：_____	姓名：_____	学号：_____
任务分工					

（就组织讨论、工具准备、数据采集、数据记录、安全监督、成果展示等工作内容进行任务分工）

 **获取信息**

锂离子蓄电池的测量

 引导问题 1：请查阅相关资料，分别简述 SOC 与倍率的概念。

_____

_____

_____

职业认证

　　在交通运输部职业资格中心 2022 年 7 月发布的《新能源汽车检测维修专业能力评价标准》中，就涉及对专业术语的考量，对专业术语有兴趣的同学可以去了解《汽车维修术语》（GB/T 5624—2019）和《电动汽车术语》（GB/T 19596—2017）。通过新能源汽车检测维修专业能力评价考试可获得由交通运输部职业资格中心颁发的"交通运输专业能力评价合格证书"。

 知识点提示

一、单体蓄电池的性能参数

1. 蓄电池容量概述

容量是指蓄电池所能储存的电量，其单位是安时（A·h）。它是一个与系统能量大小有关的单位。假设将电比作水，将蓄电池比作水池，那么水池越大装的水就越多，说明容量就越大。

标称容量：在蓄电池出厂时，规定蓄电池在标准条件下应该放出的最低电量。

额定容量：蓄电池在工作时，以1C的倍率完全充满电后，以1C的倍率恒流放电至下限截止电压时放出的电量。

实际容量：蓄电池在工作时，放电至截止电压时所放出的电量。实际容量在数值上等于放电电流与放电时间的乘积。

$$C_{实}=\int idt$$

式中，i 表示放电电流，t 表示放电至下限截止电压的时间。

2. 专业术语

（1）**能量密度**　能量密度是指单位体积或单位质量蓄电池释放的能量。如果是单位体积，即体积能量密度（W·h/L），通常被简称为能量密度；如果是单位质量，就是质量能量密度（W·h/kg），也称为比能量。例如一节锂离子蓄电池重300g，额定电压为3.7V，容量为10A·h，则其比能量为123W·h/kg。

（2）**倍率**　倍率是指在规定时间内充/放出其额定容量电量时所用的电流值，它在数值上等于蓄电池额定容量的倍数，即充放电电流（A）/额定容量（A·h），其单位一般用C表示，如0.5C、1C、5C等。例如：将一块容量为40A·h的单体蓄电池以1C放电，即该蓄电池以40A的电流放电1h即可释放完电，2C即以80A的电流放电0.5h可释放完电。蓄电池的放电倍率决定将蓄电池充满电或释放完电的时间。

（3）**标称电压**　标称电压是指稳压热敏电阻器在25℃时，标称工作电流所对应的电压值。动力电池的标称电压指的是其在0.2C放电时全过程的平均电压，是一个近似数值。

（4）**中值电压**　中值电压是指电池放电到50%容量时的电压。中值电压是衡量大电流放电、蓄电池高倍率放电能力的重要指标。

（5）**峰值电压**　峰值电压是指蓄电池充电截止电压，如磷酸铁锂离子蓄电池峰值电压为3.65V、NCM三元锂离子蓄电池峰值电压为3.7V等。

（6）**终止电压**　终止电压指蓄电池放电截止电压，如磷酸铁锂离子蓄电池终止电压为2.5V、NCM三元锂离子蓄电池终止电压为2.75V等。

（7）**放电平台**　放电平台是蓄电池放电曲线的一个直接的表征。即蓄电池完全充电后，以一定速率的电流放电时，电压下降相对缓慢的那段时间。例如：三元锂离子蓄电池NCM622，通常以1C放电至3.6V的时间表示放电平台。

（8）**自放电**　自放电是指蓄电池在没有对外做功的情况下，其自身内部物质发生化学反应而致使蓄电池能量（容量）损失的现象。自放电较大的蓄电池往往表现为储存一段时间后出现低电压或零电压的现象。

（9）**循环**　蓄电池完成一个充电—放电的过程称为一个循环。蓄电池可以在不同功率、电压或者恒定倍率下进行充/放电。

（10）**深度放电**　深度放电指蓄电池使用过程中，单体蓄电池或蓄电池模块已经利用的电量占总电量的比例。

（11）**荷电状态**　荷电状态（SOC）是指蓄电池剩余的电量占蓄电池全部电量的比例，范围为0~100%。

（12）**健康状态**　健康状态（SOH）指与蓄电池使用寿命起始状态相比较的当前蓄电池状态，即蓄电池衰减率。

（13）**内阻**　内阻是指蓄电池在工作时，电流流过蓄电池内部受到的阻力，包括欧姆内阻和极化内阻。欧姆内阻包括电极材料、电解液、隔膜电阻及各部分零件的电阻；极化内阻包括电化学极化电阻和浓差极化电阻。内阻的单位一般是毫欧姆（mΩ）。内阻大的蓄电池，在充、放电的时候，内部功耗大，发热严重，会造成蓄电池的加速老化和使用寿命衰减，同时会限制大倍率的充、放电应用。所以，内阻做得越小，蓄电池的使用寿命和倍率性能就会越好。通常蓄电池内阻的测量方法有交流和直流测试法。

（14）**串联**　串联是通过正极与负极首尾相连接而形成的结构，如图 1-2-1 所示。串联可增大动力电池的输出电压。

（15）**并联**　并联是蓄电池平行连接，即正极接正极、负极接负极形成的结构，如图 1-2-2 所示。并联可增大动力电池的输出电流。

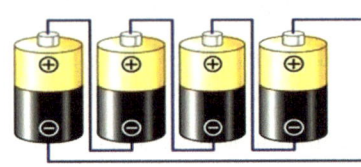
图 1-2-1　串联结构

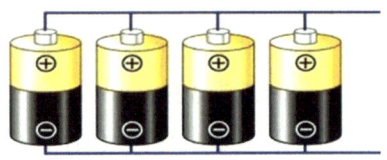
图 1-2-2　并联结构

（16）**蓄电池的使用寿命**　蓄电池的使用寿命分为循环寿命和日历寿命两种。

循环寿命指的是蓄电池可以循环充、放电的次数。即在理想的温度、湿度下，以额定的充、放电电流进行充、放电，计算蓄电池容量衰减到 80% 时所经历的循环次数。

日历寿命是指蓄电池在使用环境条件下，经过特定的使用工况，达到寿命终止条件（容量衰减到 80%）的时间跨度。日历寿命是与具体的使用要求紧密结合的，通常要规定具体的使用工况、环境条件、存储间隔等。

循环寿命是一个理论上的参数，而日历寿命更具有实际意义。但日历寿命的测算复杂，耗时长，所以一般蓄电池厂家只给出循环寿命的数据，即：目前市场上所有的新能源汽车共有的动力电池保修条款，8 年或 15 万 km 内，动力电池的衰减率不超过 20%（即保证动力电池在 8 年或 15 万 km 内，蓄电池的容量在 80% 以上）。

（17）**化成**　化成是指蓄电池制成后，要对单体蓄电池进行小电流充电，将其内部正、负极物质激活，在负极表面形成一层钝化层——SEI 膜，使蓄电池性能更加稳定，这一过程称为化成。蓄电池经过化成后才能体现其真实的性能。化成过程中的分选过程能够提高蓄电池组的一致性，使最终蓄电池组的性能提高。化成容量是筛选合格蓄电池的重要指标。

> **引导问题 2**：请查阅相关资料，简述蓄电池不一致性的概念。
>
> _____
>
> _____

竞赛指南　　在 2019 年中国技能大赛——全国新能源汽车关键技术技能大赛的动力电池 PACK 装调与检测任务中，有一道题目就是要求参赛选手根据动力电池单体的内阻及电压一致性要求，使用仪器设备筛选出符合要求的动力电池单体。

知识点提示

二、锂离子蓄电池的不一致性概述

1. 蓄电池不一致性的概念

蓄电池不一致性的概念是指同一规格、同一型号的蓄电池单体组成蓄电池组后,在电压、内阻及其变化率、荷电量、容量、充电接受能力、循环寿命、温度影响、自放电率等参数方面存在的差别。在现有的蓄电池技术水平下,电动汽车必须使用多块蓄电池单体构成的蓄电池组来满足使用要求。由于不一致性的影响,蓄电池组在电动汽车上使用的性能指标往往达不到蓄电池单体原有水平,使用寿命可能缩短至几分之一或十几分之一,严重影响电动汽车的性能和应用。

2. 蓄电池不一致性产生的原因

在制造过程中,由于工艺上的问题和材质的不均匀,使得蓄电池极板活性物质的活化程度和厚度、微孔率、联条、隔板等存在很微小的差别,这种蓄电池内部结构和材质上的不完全一致性,会使同一批次出厂的同一型号蓄电池的容量、内阻等参数不可能完全一致。

在装车使用时,由于蓄电池组中各个单体蓄电池的温度、通风条件、自放电程度、电解液密度等差别的影响,在一定程度上导致其电压、内阻及容量等参数的不一致性。

3. 蓄电池不一致性的分类

根据使用中蓄电池组不一致性扩大的原因和对蓄电池组性能的影响方式,可以把蓄电池的不一致性分为容量不一致性、电压不一致性和内阻不一致性。

(1) 容量不一致性 容量不一致性主要体现在起始容量和实际容量两个方面。起始容量不一致性是指蓄电池组在出厂前的分选试验后单体初始容量不一致,实际容量不一致性是指蓄电池在放电过程中剩余电量不相等。初始容量不一致可在使用过程中通过蓄电池单体充放电来调整,使之差异性较小,而实际容量不一致则有可能与蓄电池单体内阻等参数有关。蓄电池起始容量受蓄电池循环工作次数影响显著,越接近蓄电池寿命周期后期,实际容量不一致性越明显。蓄电池起始容量还与蓄电池容量衰减特性有关,受到蓄电池储存温度、蓄电池荷电状态(SOC)等因素的影响。蓄电池组实际放电容量不一致性还与蓄电池放电电流有关。所以,在蓄电池组实际使用过程中,容量不一致主要是蓄电池起始容量不一致和放电电流不一致综合影响的结果。

(2) 电压不一致性 电压不一致的主要影响是并联组中单体蓄电池互相充电,当并联组中某单体蓄电池电压低时,其他单体蓄电池将给此单体蓄电池充电。图 1-2-3 所示为并联电压不一致性连接方式,低压单体蓄电池容量小幅增加的同时高压单体蓄电池容量急剧降低,能量将损耗在互充电过程中而达不到预期的对外输出。

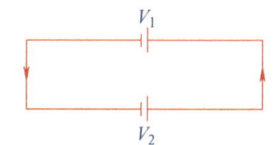

图 1-2-3 并联电压不一致性连接方式

若低压单体蓄电池和正常单体蓄电池一起使用,将成为蓄电池组的负载,影响其他单体蓄电池的工作,进而影响整个蓄电池组的使用寿命。所以,在蓄电池组不一致性明显增加的深放电阶段,不能再继续行车,否则会造成低容量单体蓄电池过放电,影响蓄电池组的使用寿命。

(3) 内阻不一致性 蓄电池内阻一般要求是一致的,蓄电池内阻不一致会使蓄电池组中每个单体在放电过程中热损失的能量各不一样,最终会影响单体蓄电池的能量状态。

引导问题 3：请简述单体蓄电池不一致性对蓄电池组会产生哪些方面的影响。

_____

_____

知识点提示

三、单体蓄电池不一致性对蓄电池组的影响

单体蓄电池之间的初始状态及使用过程中的不一致性不仅影响蓄电池组的能量转换效率，还缩短了其使用寿命并降低了安全性。

1. **影响蓄电池容量利用**

在充电时，容量小的单体蓄电池先达到充电终止电压充满电，蓄电池组停止充电，而其他单体蓄电池尚未充满，使蓄电池组所能充满的电量偏少。在放电时，容量小的单体蓄电池率先放空电而达到放电终止电压，而其他单体蓄电池电量没有完全释放出，从而导致蓄电池组实际可放出电量减少。

2. **降低蓄电池循环寿命**

当单体存在不一致性时，蓄电池组的容量在使用过程中会不断变化。如果不能及时有效地对单体蓄电池电压和容量实际情况进行估算与监控，则会出现一些单体蓄电池发生过充、过放的情况，加快蓄电池组容量衰减以致循环寿命缩短。

3. **影响蓄电池安全性能**

单体蓄电池过充或者过热会造成蓄电池中活性物质发生副反应，使蓄电池的性能恶化，甚至引发火灾、爆炸等危险。单体蓄电池的不一致甚至失效将产生强烈的连锁反应，所以必须对每节单体蓄电池进行监测和均衡保护。

工作计划

按照所学知识和小组内部讨论的结果，制订工作计划（表1-2-2），包括资料查阅渠道的落实、任务实施中的内容分工等。

表1-2-2　工作计划表

步骤	工作内容	负责人
1		
2		
3		
4		

进行决策

1. 各组派代表阐述资料查询结果。
2. 各组就各自的查询结果进行交流并分享技巧。

3. 教师结合各组完成的情况进行点评，选出最佳方案。

任务实施

一、设备及工具准备

设备及工具准备见表1-2-3。

表1-2-3 设备及工具准备

序号	设备及工具名称	数量
1	方形蓄电池	1个
2	动力电池分容柜	1台
3	万用表	1台

二、场地设备准备

任务实施前需要做好场地防护准备，检查实训场地和设备设施是否存在安全隐患。如果不正常，应汇报教师并进行处理后才可实施任务。

三、安全防护准备

1）将单体蓄电池放置在分容柜中，注意选择正确的仓位以及单体蓄电池正、负极朝向。如有需要，可使用万用表测量确定正、负极。

2）分容柜在进行充、放电时不支持串联充、放电，分容柜单通道限电压为5V、限电流为20A，注意设置蓄电池保护参数。

3）单体蓄电池充电存在电压上限和电压下限，不同类型的蓄电池一般不尽相同。充电和放电时注意根据实际情况进行调整。

四、实训记录

实训记录见表1-2-4。

表1-2-4 使用蓄电池分容柜测算单体蓄电池的容量和恒流比

蓄电池分容准备			
序号	步骤	记录	完成情况
1	放置单体蓄电池时查看标识，方形蓄电池正极朝外，启动仓位开关 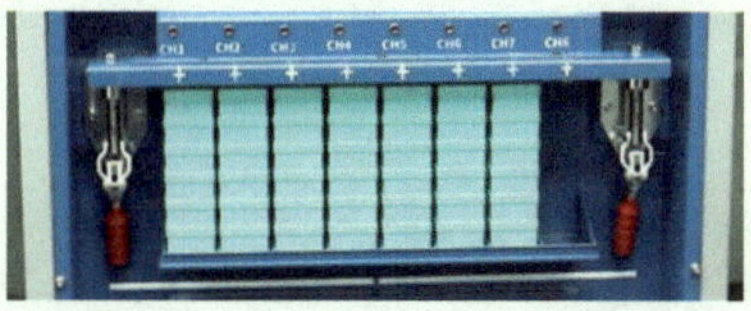		已完成☐ 未完成☐
2	启动分容控制开关可看到通道一电压数值，检查接触是否良好，蓄电池安装是否正确		已完成☐ 未完成☐

(续)

分容参数设置			
序号	步骤	记录	完成情况
1	依据单体蓄电池的规格,对蓄电池参数进行设置		已完成☐ 未完成☐
2	蓄电池进行充电,第一阶段为涓流充电。设置充电电流数值和截止数值对蓄电池进行充电		已完成☐ 未完成☐
3	进行标准的恒流充电和恒压充电。设置标准充电电流数值和截止电压数值对蓄电池进行恒流充电,此时为快速充电阶段;恒流充电完成后,设置标准充电的恒定电压和截止电流数值对蓄电池进行恒压充电		已完成☐ 未完成☐
4	当蓄电池充电完成后,对蓄电池进行搁置(蓄电池正常搁置时间为15min)之后设置标准放电电流和放电截止电压对蓄电池进行放电		已完成☐ 未完成☐
5	以上充、放电完成后,对通道保护参数进行设置,需设置3个保护参数:设置通道保护参数电流上限数值、电压下限数值和电压上限数值。设置完成后,核实其名义号为1,选择起动。当循环一结束后,读取蓄电池可用容量		已完成☐ 未完成☐

评价反馈

1. 各组代表展示汇报 PPT,介绍任务的完成过程。
2. 以小组为单位,对各组的操作过程与操作结果进行自评和互评,将结果填入表 1-2-5 中。

表 1-2-5　学生评价表

姓名		学号			班级			组别			
实训任务											
评价项目	分值	等级				评价对象(组别)					
		A	B	C	D	1	2	3	4	5	6	7	8
方案合理	20	20	15	10	5								
团队合作	20	20	15	10	5								
工作质量	20	20	15	10	5								
工作规范	20	20	15	10	5								
汇报展示	20	20	15	10	5								
合计	100	各组得分											
总结与反思													
(如:学习过程中遇到的问题→如何解决的/解决不了的原因→心得体会)													

3. 教师对学生工作过程与工作结果进行评价，将评价结果填入表 1-2-6 中。

表 1-2-6　教师对学生评价表

姓名			学号		班级		组别	
实训任务								
评价项目			评价标准				分值	得分
考勤（10%）			无无故迟到、早退、旷课现象				10	
工作过程（60%）	知识目标	获取信息	掌握工作相关知识				10	
		进行决策	制订工作方案，方案合理可行				10	
	技能目标	任务实施	掌握单体蓄电池的性能参数				5	
			掌握单体蓄电池不一致性的概念				5	
			能够使用蓄电池分容柜测算单体蓄电池的容量和恒流比				10	
	素养目标	工作态度	认真严谨、积极主动、安全生产、文明施工				5	
		团队合作	与小组成员、同学之间能合作交流、协调工作				5	
项目成果（30%）		工作质量	严格按照工作方案操作，按计划完成工作任务				10	
		工作完整	能按时完成工作任务的所有环节				10	
		工作规范	能在整个操作过程中规范操作，避免意外事故发生				10	
		汇报展示	能准确表达、汇报工作成果				10	
合计							100	
综合评价			学生评价（50%）		教师评价（50%）		综合得分	
综合评语			（作业过程中存在的问题及改进建议）					

任务三　单体蓄电池常见故障检修

任务目标

知识目标

1. 掌握蓄电池组单体电压异常故障的分析思路。
2. 掌握蓄电池组单体电压异常故障的处理方法。

技能目标

具有使用蓄电池内阻测试仪检测单体蓄电池的电压和内阻的能力。

素养目标

1. 培养认真严谨、积极主动、安全生产、文明施工的工作态度。
2. 与小组成员、同学之间能合作交流、协调工作。
3. 严格按照工作方案操作，按计划完成工作任务。

任务框图

```
单体蓄电池常见故障检修 ┬─ 蓄电池组单体电压异常故障描述
                      │
                      └─ 蓄电池组单体电压异常故障分析处理 ┬─ 故障分类
                                                          ├─ 个别单体蓄电池电压异常故障处理流程
                                                          ├─ 个别单体蓄电池电压异常故障处理
                                                          ├─ 整组单体蓄电池电压异常故障处理流程
                                                          ├─ 一般情况下的单体蓄电池电压异常故障处理
                                                          └─ 蓄电池组单体电压异常故障的其他原因
```

任务导入

　　一辆比亚迪秦 EV 上电后动力电池故障灯亮起，车主将其送到 4S 店进行维修，维修工程师进行诊断后认定故障原因为单体蓄电池电压异常，让作为助理工程师的你去测定单体蓄电池的电压。你能完成这个任务吗？

任务分组

学生任务分配表见表 1-3-1。

表 1-3-1　学生任务分配表

班　级		组　号		指导老师	
组　长		学　号			
组　员	姓名：_____ 姓名：_____ 姓名：_____ 姓名：_____	学号：_____ 学号：_____ 学号：_____ 学号：_____	姓名：_____ 姓名：_____ 姓名：_____ 姓名：_____		学号：_____ 学号：_____ 学号：_____ 学号：_____
任务分工					

（就组织讨论、工具准备、数据采集、数据记录、安全监督、成果展示等工作内容进行任务分工）

获取信息

引导问题 1：请查阅相关资料，简述蓄电池组单体电压异常故障的分类。
_____
_____

知识点提示

一、蓄电池组单体电压异常故障描述

蓄电池组单体电压异常可分为单体电压过高、单体电压过低、单体压差过大 3 种故障。当出现上述任意故障时，蓄电池管理控制器（BMC）均会做出相应处理动作，以保护蓄电池组正常、安全运行。

引导问题 2：请查阅相关资料，简述个别单体蓄电池电压异常故障处理流程。
_____
_____

单体蓄电池
过放故障
排除

知识点提示

二、蓄电池组单体电压异常故障分析处理

1. 故障分类

使用诊断仪或上位机软件，查看蓄电池组所有单体数据，查看是个别单体蓄电池电压异常

还是整组单体蓄电池电压异常，并记录。若在行车过程中出现偶发性的单体蓄电池电压异常，则需要试车，采集车辆运行数据流后明确单体蓄电池异常变化情况。

2. 个别单体蓄电池电压异常故障处理流程（图1-3-1）

步骤1：根据采集到的蓄电池数据流，确认异常单体蓄电池的编号，参考维修资料找到该单体蓄电池编号所对应的蓄电池组。

步骤2：检查蓄电池组的采样线束是否有破损、接插件是否松动。若破损应更换线束；若采样线束正常，需进行下一步骤排查。

步骤3：检查蓄电池信息采集器（BIC）的采样功能是否正常，可更换新的BIC（需配好对应地址）或者相邻两块BIC对换，再通过诊断仪或上位机软件查看所有单体蓄电池的数据流；若单体蓄电池采样正常，则说明是BIC问题，更换即可；若单体蓄电池仍旧采样异常，则说明BIC功能正常，需进行下一步骤确认工作。

步骤4：检查蓄电池组内对应单体蓄电池的单体电压。可拔掉BIC端采样接插件，根据线标测量对应单体蓄电池的实际电压；若实际量取电压与采样值一致，则说明是蓄电池模块内单体蓄电池问题导致的异常，排查结束。

注意：万用表测量单体蓄电池模块实际电压时，注意佩戴绝缘防护手套，避免表笔短路。

3. 个别单体蓄电池电压异常故障处理

在确保蓄电池组绝缘值正常，且单体蓄电池没有严重欠电压、过电压的前提条件下，可对相应单体蓄电池做充电或放电均衡处理，保证所有单体蓄电池电压平台基本一致；否则需要更换相对应电压平台的蓄电池组。针对行车过程中出现的个别单体蓄电池电压异常，根据上述步骤处理完后随车采集2~3天的蓄电池数据流，判断问题是否有效解决。

4. 整组单体蓄电池电压异常故障处理流程（图1-3-2）

步骤1：确保全车CAN网络线束连接完好，包括BMC与BIC之间的蓄电池子网连接正常。

步骤2：使用诊断仪或上位机软件确认整组单体蓄电池电压异常的模块号以及对照维修资料找到相对应的BIC。

步骤3：若是整组单体蓄电池电压偏高或偏低导致的故障，则可通过对蓄电池组正

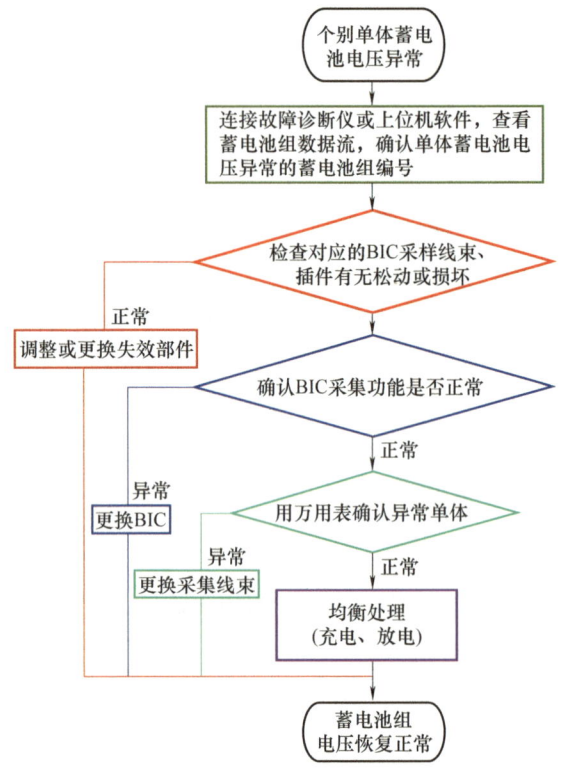

图1-3-1 个别单体蓄电池电压异常故障处理流程

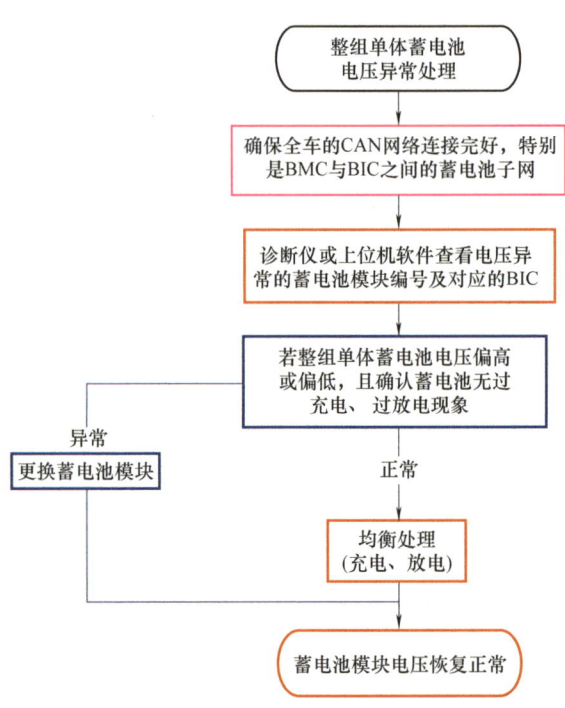

图1-3-2 整组单体蓄电池电压异常故障处理流程

常充、放电解决；若是单个蓄电池箱内所有单体蓄电池电压偏高或偏低，则可通过对该箱体单独充、放电即可解决。

注意：蓄电池模块过充电或过放电且超过安全可控范围造成蓄电池模块单体异常的，处理后不能再次使用。

5. 一般情况下的单体蓄电池电压异常故障处理

某个或某几个单体蓄电池电压异常，一般情况下可能是 BIC 端的接插件引起的，或是蓄电池组有过充电、过放电现象。只需要按照上述步骤处理即可。

单体蓄电池电压异常处理完后随车采集 2~3 天的蓄电池数据流，判断问题是否有效解决。

6. 蓄电池组单体电压异常故障的其他原因

蓄电池模块单体电压异常故障（过电压、欠电压、压差过大）根据上述步骤分析处理，一般情况下可明确造成故障的原因，主要有：插件和线束松动或磨损、BIC 模块损坏、单体蓄电池自身差异等原因。上述原因都正常的情况下，可能会由于电磁干扰导致数据收集、上传异常，可按照 CAN 总线干扰处理方案进行选择性尝试处理。

工作计划

按照所学知识和小组内部讨论的结果，制订工作计划（表 1-3-2），包括资料查阅渠道的落实、任务实施中的内容分工等。

表 1-3-2　工作计划

步骤	工作内容	负责人
1		
2		
3		
4		
5		

进行决策

1. 各组派代表阐述资料查询结果。
2. 各组就各自的查询结果进行交流并分享技巧。
3. 教师结合各组完成的情况进行点评，选出最佳方案。

任务实施

一、设备及工具准备

设备及工具准备见表 1-3-3。

表 1-3-3　设备及工具准备

序号	设备及工具名称	数　量
1	蓄电池内阻测试仪	1 台
2	蓄电池内阻测试仪检测线	若干条
3	方形蓄电池	1 个

二、场地设备准备

任务实施前需要做好场地防护准备，检查实训场地和设备设施是否存在安全隐患，如果不正常，应汇报教师并进行处理后才可实施任务。

三、安全防护准备

蓄电池内阻测试仪精度较高，在测量过程中表笔上不得有脏物，否则会影响测量精度。

四、实训记录

实训记录见表 1-3-4。

表 1-3-4　使用蓄电池内阻测试仪检测单体蓄电池的电压和内阻

蓄电池内阻测试仪校准			
序号	步　骤	记　录	完成情况
1	打开蓄电池内阻测试仪，检查蓄电池内阻测试仪各项参数，将蓄电池内阻比较功能关闭，将蓄电池电压比较功能关闭，返回测量显示界面		已完成□ 未完成□
2	使用蓄电池内阻测试仪，连接蓄电池内阻测试仪检测线，检测线金属头不分正、负极。进行蓄电池内阻测试仪校检		已完成□ 未完成□
3	使用表笔检测时，注意将表笔中心部分进行按压短接。短接过程中，两笔接触内阻过大，需进行校准。单击短路清理，单击确定，测量显示表笔接触内阻正常		已完成□ 未完成□
4	测蓄电池内阻及电压，测的蓄电池内阻和电压在正常范围内，蓄电池测试仪正常		已完成□ 未完成□
使用蓄电池内阻测试仪测量单体蓄电池的内阻			
序号	步　骤	记　录	完成情况
1	打开电阻比较功能，选择绝对值，设置电阻标称、电阻上限和电阻下限的各个数值		已完成□ 未完成□
2	打开电压比较功能，选择绝对值，选择电压标称、电压下限和电压上限的各自数值，设置完毕，返回测量显示界面		已完成□ 未完成□
3	测量单体蓄电池的内阻		已完成□ 未完成□

| 姓名 | 班级 | 日期 |

项目一　单体蓄电池检修

(续)

使用蓄电池内阻测试仪测量单体蓄电池的电压			
序号	步　骤	记　　录	完成情况
1	测量蓄电池电压数值，与设置电压比较，查看是否一致，依照 NEDC 标准，一次性蓄电池电压差应在 50mV 以内，设置电压上限数值和电压下限数值，设置完毕，返回测量显示界面		已完成□ 未完成□
2	对蓄电池进行测量，符合标准		已完成□ 未完成□
3	测试完毕，拔掉蓄电池内阻测试仪检测线，关闭蓄电池内阻检测仪		已完成□ 未完成□

评价反馈

1. 各组代表展示汇报 PPT，介绍任务的完成过程。
2. 以小组为单位，对各组的操作过程与操作结果进行自评和互评，将结果填入表 1-3-5 中。

表 1-3-5　学生评价表

姓名		学号				班级				组别			
实训任务													
评价项目	分值	等级				评价对象（组别）							
		A	B	C	D	1	2	3	4	5	6	7	8
方案合理	20	20	15	10	5								
团队合作	20	20	15	10	5								
工作质量	20	20	15	10	5								
工作规范	20	20	15	10	5								
汇报展示	20	20	15	10	5								
合计	100	各组得分											
总结与反思													
（如：学习过程中遇到的问题→如何解决的 / 解决不了的原因→心得体会）													

3. 教师对学生工作过程与工作结果进行评价，将评价结果填入表 1-3-6 中。

表 1-3-6　教师对学生评价表

姓名			学号		班级	组别	
实训任务							
评价项目			评价标准			分值	得分
考勤（10%）			无无故迟到、早退、旷课现象			10	
工作过程（60%）	知识目标	获取信息	掌握工作相关知识			10	
		进行决策	制订工作方案，方案合理可行			10	
	技能目标	任务实施	掌握蓄电池内阻测试仪的校准			5	
			使用蓄电池内阻测试仪测量单体蓄电池的内阻和电压			5	
			做好安全防护准备与 6S 管理			10	
	素养目标	工作态度	认真严谨、积极主动、安全生产、文明施工			5	
		团队合作	与小组成员、同学之间能合作交流、协调工作			5	
项目成果（30%）		工作质量	严格按照工作方案操作，按计划完成工作任务			10	
		工作完整	能按时完成工作任务的所有环节			10	
		工作规范	能在整个操作过程中规范操作，避免意外事故发生			10	
		汇报展示	能准确表达、汇报工作成果			10	
合计						100	
综合评价		学生评价（50%）		教师评价（50%）		综合得分	
综合评语		（作业过程中存在的问题及改进建议）					

情智课堂

锂电池隔膜：拨云见日，一层隔膜两重天

"也不知道这辆车的电池能坚持多久？"

2018 年 6 月，望着窗外驶过的一辆新能源汽车，时任南开大学新能源材料化学研究所所长、博士生导师周震习惯性地自语道。从事新能源材料研究 20 多年，看着日渐增多的新能源汽车，周震欣喜之余仍存忧虑，"锂电池的基础材料研究，我们与世界一流水平还有差距，尤其高端电池隔膜材料仍然依赖进口"。

据了解，蓄电池四大核心材料中，正极材料、负极材料、电解液都已在我国实现了国产化，唯独隔膜仍是短板。隔膜的品质直接影响蓄电池的容量、充放电循环寿命、阻燃止爆安全性能等指标。我国国产隔膜主要供应低端 3C 类电池市场，高端隔膜目前依然依赖进口。核心专利缺乏，隔膜等关键材料不给力，不仅成了国产锂电池难以承受之痛，也拖了国产锂电池企业"走出去"的后腿。

"高端的隔膜一般附带有陶瓷材料，如果电解液温度过高，材料膨胀，孔隙会像闸门一样关闭，切断离子交流，从而避免电池因温度过高而起火爆炸。"周震介绍说，隔膜是锂电材料中技术壁垒最高的一种材料，其技术难点在于造孔的工程技术、基体材料以及制造设备。"技术要求高，价格自然也就高，差不多占到了电池总成本一成以上。"

当时世界上最好的锂电池隔膜材料出自旭化成和东燃化学两家日本公司，而国内锂电池铝塑膜市场九成份额也被昭和电工等日本厂商垄断。业内人士感慨："一层隔膜两重天，迈过去就是晴天！"

锂电池隔膜制造工艺主要分湿法和干法，我国在干法工艺上已迈入了世界第一方阵，但在湿法隔膜领域，国内企业虽掌握方法，但整体仍难以与国外巨头抗衡，此外，核心生产设备也主要依赖进口。

面对困难，中国人从不轻言放弃。基于对我国未来新能源产业的信心以及作为央企肩负引领我国新材料产业发展的重任，面对当时主要被美、日、韩等国家少数厂商垄断，代表全球最高技术水平、开发难度最大的湿法双向同步拉伸工艺技术，中材科技科研人员应对封锁、迎难而上。2011年他们在南京建成首条年产720万平方米湿法双向同步拉伸隔膜中试生产线（图1-3-3）；2013—2014年，在南京两条年产1000万平方米锂电池隔膜中试生产线接连投产运行。基于第一条年产720万平方米生产线的经验，科研团队积累了对整线的认知和局部设备的理解，重点对1000万平方米生产线的横拉、一次热处理、二次热处理及张力拉伸设备进行了改造。2015年，中材科技生产的锂电池隔膜得到了国内锂电池领军企业的认可。当时该公司采购经理的反馈是：这是他在国内市场见到最好的锂电池隔膜。

基于锂电池隔膜对设备依赖程度极高，但当时国内设备生产商尚未能满足生产要求的状况，中材科技锂电池隔膜团队开始了寻觅之旅，日本、韩国、法国、德国……然而要寻找到一条能够适应自己已有技术和路线要求的生产线难上加难。

路虽远，行则必达；事虽难，实干必胜。当时，国内选用进口设备的湿法锂电池隔膜生产厂家多采用的是日本的生产线，其装备体系较为成熟，但日本的技术封锁严重、交货周期长、不采用定制化。基于此前南京3条中试线的经验，科研团队有很多想法希望在新的生产线上体现出来。如果选择日本的生产线，他们跟在人家后面无法跑赢对手。科研团队面临着一个艰难的选择，是跟在人家后面走，还是从无到有、开发新的生产线。最终他们抱着"为民族工业争气"的信念，选择了与设备供应商协同创新开发的合作路线。正是基于对中材科技锂电池隔膜技术积淀、科学的产业发展规划及中国广阔的市场前景的认同，中国建材集团的全力支持与高瞻远瞩的战略决策，最终促成了当时世界上单线规模最大的锂电池隔膜生产线的建成。

2016年3月，中材科技将锂电池隔膜确定为重点发展培育的产业，成立中材锂膜有限公司，同年5月启动"年

图1-3-3　锂电池隔膜生产线

产2.4亿平方米锂电池隔膜"项目建设。为了掌握核心技术、实现弯道超车，项目团队选择国际先进的湿法双向同步拉伸技术路线，创新采用"联合开发体+BT投资"的商业模式。由于该项目的装备技术属于全球首创，受限于技术成熟度低及国外技术垄断，项目建设遇到了前所未有的困难和挑战，调试过程屡受挫折。

宝剑锋从磨砺出，梅花香自苦寒来。2017年8月13日凌晨三点，滕州一期项目第一条生产线首次贯通！2017年8月30日，"年产2.4亿平方米锂电池隔膜建设项目"首条生产线投产，标志着中材锂膜打破国外垄断，成功实现了锂电池材料中最后一个关键材料的国产化，研发、生产能力再上新的台阶（图1-3-4）。截至2022年8月中材锂膜全球排名前十的蓄电池客户开发率达80%，产品得到了全球一流锂电池企业的充分认可，

图1-3-4　锂电池隔膜进入批量生产阶段

品牌价值凸显，是全球隔膜行业最具创新性、成长性企业之一。

锂电池隔膜虽轻责任重大。一张小小的锂电池隔膜，承载的是数百个中材锂膜人日日夜夜的坚守，承载的是中国建材集团新材料产业转型的决心，承载的是为民族工业争气的壮志和雄心。

目前中材锂膜拥有国际先进的湿法隔膜制造装备以及领先的技术研发能力，可根据客户需求定制开发系列化产品，适应高安全性、高能量密度、高功率、长寿命等锂电池技术发展方向，助力国家早日实现碳达峰、碳中和目标。

未来，中材锂膜将为引领行业技术进步、促进新能源产业发展做出更大的贡献。

项目二
动力电池系统检修

任务一　动力电池认知

任务目标

知识目标
1. 掌握常见动力电池的特点与应用范围。
2. 了解比亚迪秦EV动力电池系统的组成与工作原理。

技能目标
具有识别动力电池结构和规格型号的能力。

素养目标
1. 培养认真严谨、积极主动、安全生产、文明施工的工作态度。
2. 与小组成员、同学之间能合作交流、协调工作。
3. 严格按照工作方案操作，按计划完成工作任务。

任务框图

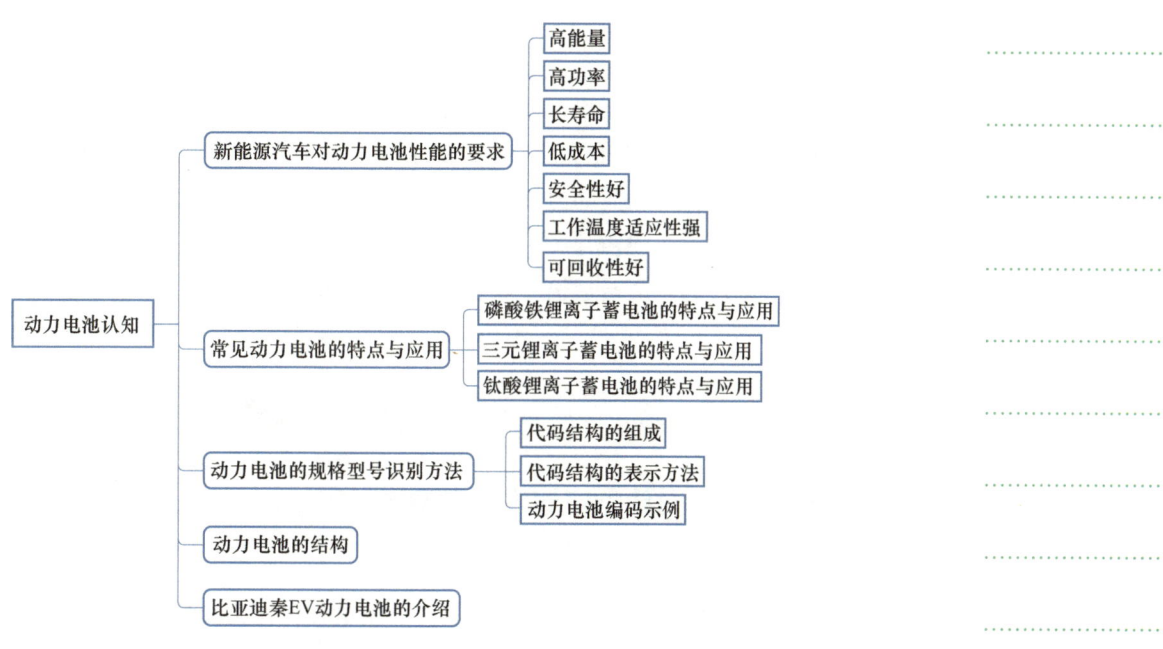

任务导入

一名客户想要购买一辆比亚迪秦 EV 汽车，他来到 4S 店想要了解比亚迪秦 EV 动力电池的类型和特点。作为一名销售顾问，请你为客户介绍常用动力电池的基本知识。

任务分组

学生任务分配表见表 2-1-1。

表 2-1-1 学生任务分配表

班级		组号		指导老师	
组长		学号			
组员	姓名：_____	学号：_____	姓名：_____	学号：_____	
	姓名：_____	学号：_____	姓名：_____	学号：_____	
	姓名：_____	学号：_____	姓名：_____	学号：_____	
	姓名：_____	学号：_____	姓名：_____	学号：_____	
任务分工					

（就组织讨论、工具准备、数据采集、数据记录、安全监督、成果展示等工作内容进行任务分工）

获取信息

引导问题 1：请查阅相关资料，简述电动汽车对动力电池性能的要求。

_____
_____

职业认证

在交通运输部职业资格中心 2022 年 7 月发布的《新能源汽车检测维修专业能力评价标准》中，要求相应从业人员了解新能源汽车动力电池的性能指标（包括动力性、经济性、制动性、操纵稳定性、环保性等）。通过新能源汽车检测维修专业能力评价考试便可获得由交通运输部职业资格中心颁发的"交通运输专业能力评价合格证书"。

知识点提示

一、新能源汽车对动力电池性能的要求

1. 高能量

高能量对于电动汽车意味着更长的纯电动续驶里程。作为交通工具，续驶里程的延长可有

效提升车辆应用的方便性和适用范围。锂离子动力电池能够在电动汽车上广泛推广和应用的主要原因就是其能量密度是铅酸蓄电池的 3 倍，并且还有继续提高的可能性。

2. 高功率

车辆作为交通工具，追求高速，所以动力电池要求能为驱动电机提供高功率输出，以满足车辆动力性的要求。但长期大电流、高功率放电对蓄电池的使用寿命和充、放电效率会产生负面影响，甚至影响蓄电池使用的安全性，因此在功率方面需要有一定的功率储备，避免让动力电池在全功率工况下工作。

3. 长寿命

铅酸蓄电池的使用寿命在深充、深放工况下可以达到 400 次，锂离子动力电池可以达到 1000 次以上，混合动力汽车用镍氢蓄电池的使用寿命可以达到 10 年以上。车辆应用过程中，蓄电池更换的费用是电动汽车使用成本的重要组成部分。提高动力电池的使用寿命目前是蓄电池技术研究的重点问题之一。

4. 低成本

动力电池的成本与蓄电池的新技术含量、材料、制作方法和生产规模有关，目前新开发的高比能量的蓄电池成本较高，使得电动汽车的造价也较高。开发和研制高效、低成本的动力电池是电动汽车发展的关键。

5. 安全性好

动力电池可为电动汽车提供高达 300V 的驱动供电电压，可能危及人身安全和车载电器的使用安全。动力电池作为高能量密度的储能载体，自身也存在一定的安全隐患（以锂离子蓄电池为例）：

首先，过充电、过放电过程时，可能会导致蓄电池内部短路起火引发蓄电池热失控，动力电池释放可燃气体与空气浓度达到 4% 时会发生爆炸现象。如果发生热失控反应，可能导致蓄电池短路起火，甚至发生爆炸现象。

其次，锂离子蓄电池采用的有机电解质在 4.6V 左右易发生氧化，并且溶剂易燃，若出现泄漏等情况，也会引起蓄电池着火，甚至爆炸。

最后，发生碰撞、挤压、跌落等极端的状况时，会导致蓄电池内部短路从而引发危险。

基于上述原因，对于汽车用动力电池的检验标准非常严格，我国已经制定了动力电池及蓄电池模块安全性检验的标准。对动力电池在高温、高湿、穿刺、挤压、跌落等极端状况进行检验，要求在这些状况下不发生动力电池的燃烧、起火现象。

6. 工作温度适应性强

车辆应用一般不受地域的限制，不同的空间和时间应用时需要车辆适应不同的温度。仅以北京地区的车辆应用为例，北京夏季地表温度可达 50℃以上，冬季可低至 −15℃以下，在该温度变化范围内，动力电池应可以正常工作。因此，对于动力电池而言，需要其具有良好的温度适应性。现在的动力电池系统设计时，考虑到其温度适应性问题，一般都需要设计相应的冷却系统或加热系统以达到动力电池的最佳工作温度。

7. 可回收性好

按照动力电池使用寿命的标准定义，蓄电池在其容量衰减到额定容量的 80% 时，确定为动力电池使用寿命终结。随着电动汽车的大量应用，必然出现大量废旧动力电池的回收问题。对于动力电池的可回收性，在电化学性能方面，首先要求做到蓄电池正、负极及电解液等材料无毒，对环境无污染。其次是研究蓄电池内部各种材料的回收再利用。动力电池的再利用存梯次利用问题，即按照动力电池寿命标准，在其衰减量达到初始容量的20%时可转移到对蓄电池容量和功率要求相对较低的领域继续应用。

> ❓ **引导问题2**：请查阅相关资料，简述磷酸铁锂离子蓄电池的特点。
> _____
> _____

🔧 **竞赛指南**　　在2019年中国技能大赛——全国新能源汽车关键技术技能大赛的理论知识竞赛中，汽车电动化的组卷占比为60%，在汽车电动化模块的出题范围中，包括了动力电池的主要类型判断及特点分析。

💡 知识点提示

二、常见动力电池的特点与应用

1. 磷酸铁锂离子蓄电池的特点与应用

（1）**磷酸铁锂离子蓄电池的特点**　磷酸铁锂离子蓄电池相较于铅酸蓄电池具有工作电压高、能量密度大、循环寿命长、安全性能好、自放电率小、无记忆效应以及环保无污染等优点。

磷酸铁锂离子蓄电池存在一些性能上的缺陷，例如振实密度与压实密度很低，导致锂离子蓄电池的能量密度较低；低温性能较差，寒冷天气对使用磷酸铁锂离子蓄电池的新能源汽车的续驶里程影响非常大，这也是制约新能源汽车在极寒地区的推广的因素。目前搭载刀片电池的车型使用最新的热泵技术对离子蓄电池进行保温，在严寒地区使用时，热泵技术有助于提升离子蓄电池在低温下的放电性能。

磷酸铁锂离子蓄电池的一致性差，因此在新能源汽车使用一段时间后，动力电池会出现电池压差过大的故障。目前主机厂会在离子蓄电池管理系统中增加主动均衡功能，尽量让单体蓄电池之间的电压保持在30mV内。4S店同样要求消费者尽量多充满电，即触发离子蓄电池管理系统中的被动均衡系统，保证单体蓄电池之间的电压一致性。

（2）**磷酸铁锂离子蓄电池的应用**　磷酸铁锂离子蓄电池由于其安全性高、成本低等优点，在2013年开始大量装车运用于新能源乘用车、商用车、物流车等领域。以深圳为例，从2010年开始公共交通车辆逐步更新为新能源汽车，而所有的车型都是搭载磷酸铁锂离子蓄电池。到2016年底，消费者渴望长续驶里程的新能源汽车，同时国家补贴开始对续驶里程、能量密度开始做考核，比磷酸铁锂离子蓄电池能量密度高的三元锂离子蓄电池开始占据新能源汽车市场。

2017—2020年期间，市场上销售的新能源车型搭载的动力电池以三元锂离子蓄电池为主，但经常有搭载三元锂离子蓄电池的新能源汽车发生自燃现象。在2020年3月29日，比亚迪汽车发布了刀片电池，该电池技术以磷酸铁锂离子蓄电池为蓝本，通过结构创新，在成组时可以跳过"模组"，大幅提高了体积利用率，最终达成在同样的空间内装入更多单体蓄电池的设计目标。相较传统动力电池，比亚迪"刀片电池"（图2-1-1）的体积利用率提升了50%以上，即：续驶里程理论上可提升50%以上，达到了高能量密度三元锂离子蓄电池的同等水平。从2021年4月开始，所有比亚迪新能源汽车都更新换代为刀片电池。

比亚迪16/17款e5、比亚迪汉EV（图2-1-2）等车型的起动蓄电池使用了磷酸铁锂离子蓄电池。

图2-1-1　比亚迪"刀片电池"

图2-1-2　比亚迪汉EV

磷酸铁锂离子蓄电池具有工作电压高、能量密度大、循环寿命长、自放电率小、无记忆效应、绿色环保等一系列独特优点，并且支持无级扩展，适合于大规模电能储存，在可再生能源发电站发电安全并网、电网调峰、分布式电站、UPS电源、应急电源系统等领域有着良好的应用前景。例如：为了降低配电端用户能量负载峰值，深圳东部公交集团的公交车充满电后通过AC 380V的交流充电桩将动力电池中的直流电通过交流充电桩并入电网，起到削峰填谷的作用，减少夏天高峰期用电跳闸的现象。

2. 三元锂离子蓄电池的特点与应用

（1）三元锂离子蓄电池的特点　三元锂离子蓄电池具有电压平台高、能量密度高、低温性能好等优点。单体能量密度超过250Wh/kg。电压平台是能量密度的重要指标，决定动力电池的基本效能和成本，因此电压平台的选用具有重要的意义。电压平台越高，比容量越大，与同样体积、重量甚至同样容量的磷酸铁锂离子蓄电池相比，三元锂离子蓄电池的续驶里程会更远。

三元锂离子蓄电池的活性锂与电解液发生化学反应，释放热量，因此三元锂离子蓄电池的低温性能比磷酸铁锂离子蓄电池好。

虽然三元锂离子蓄电池比磷酸铁锂离子蓄电池有更高的能量密度，但三元锂离子蓄电池的缺点也是非常明显的。例如：蓄电池成组成PACK后整体输出的效率较低，最大持续输出1C放电倍率；容量衰减较快，充电SOC在0~100%循环900次后，蓄电池容量衰减到55%左右，若SOC在30%~80%循环充电3000次后，蓄电池的容量会衰减到70%。因此搭载三元锂离子蓄电池的车辆不建议SOC充满至100%；安全性差，三元锂离子蓄电池的温度达到170℃时，蓄电池会分解并释放氧气。因此在2020年我国重新修订了《电动汽车用动力蓄电池安全要求》，增加了多项动力电池安全试验。其中就包括了蓄电池在热失控的情况下，在5min内不允许冒烟、起火、爆炸。

（2）三元锂离子蓄电池的应用　常见的三元锂离子蓄电池有NCM523、NCM622和NCM811 3种。由宁德时代发布的NCM811三元锂离子蓄电池得到各大主机厂的应用。NCM811电池指的是正极材料（镍、钴、锰3种金属）比例为8∶1∶1的三元锂离子蓄电池，它与常见的NCM523和NCM622三元锂离子蓄电池相比，提高了镍含量的同时降低了钴和锰的含量。镍的比例增大，能够增加能量密度，但也带来了更加激烈的电化学反应，影响蓄电池的安全性能。不过，由于减少了钴的用量，NCM811 三元锂离子蓄电池的价格也大幅降低了，对于车企来说，这样的蓄电池极具吸引力。动力电池必须匹配提升蓄电池管理系统的安全管控，留出更多的冗余，来保障整个动力电池系统的安全。

比亚迪汉 DM 插电式混合动力汽车（图 2-1-3）的动力电池就是 NCM 三元锂离子蓄电池（图 2-1-4），即镍钴锰酸锂离子蓄电池。

图 2-1-3　比亚迪汉 DM 插电式混合动力汽车

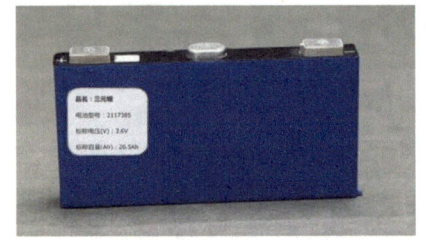

图 2-1-4　三元锂离子蓄电池

3. 钛酸锂离子蓄电池的特点与应用

（1）钛酸锂离子蓄电池的特点　钛酸锂（LTO）材料在蓄电池中作为负极材料使用，材料与电解液之间容易发生相互作用并在充、放电循环反应过程中产生气体析出，因此普通的钛酸锂离子蓄电池容易发生胀气，导致单体蓄电池鼓包，电性能大幅下降，极大地降低了钛酸锂离子蓄电池的理论循环寿命。因此常见的钛酸锂离子蓄电池都会做成软包的形式。测试数据表明，普通的钛酸锂离子蓄电池在经过 1500~2000 次的循环就会发生胀气的现象，导致无法正常使用，这是制约钛酸锂离子蓄电池大规模应用的一个重要原因。

（2）钛酸锂离子蓄电池的应用　钛酸锂离子蓄电池性能改进是单个材料性能的提升以及各关键材料的有机整合的综合体现。针对快速充电与长使用寿命的要求，除负极材料以外，考虑锂离子蓄电池的其他关键原材料（包括正极材料、隔膜以及电解液），同时结合特殊的工程化工艺经验，最终形成了"不胀气"的钛酸锂离子蓄电池产品，并实现了在电动公交客车上的批量应用。测试数据表明，在 6C 充电、6C 放电、100% DOD 的条件下，钛酸锂单体蓄电池的循环寿命超过 25000 次，剩余容量超过 80%，同时单体蓄电池产生的胀气现象不明显，不影响其使用寿命。珠海的银龙公交车、北京的双层观光巴士都搭载了银隆钛酸锂离子蓄电池。

> **? 引导问题 3：** 请查阅相关资料，写出编码为 05IPEP46A1HZAQ97R0000019 的动力电池的电池类型。
>
> _____
> _____

职业认证　　电动汽车高电压系统评测与维修职业技能等级要求中的动力电池总成检查与拆装任务就涉及对动力电池总成主流类型的结构组成及功能原理的认知。通过电动汽车高电压系统评测与维修职业技能等级考核可获得教育部 1+X 证书中的"电动汽车高电压系统评测与维修职业技能等级证书"。

知识点提示

三、动力电池的规格型号识别方法

根据国家标准《汽车动力蓄电池编码规则》（GB/T 34014—2017），每个动力电池都有对应的蓄电池编码。

1. 代码结构的组成

（1）第一部分代码结构　见表 2-1-2。

表 2-1-2　第一部分代码结构

基本结构	扩展结构1	含　义
X1 X2 X3 X4 X5 X6 X7	X8 X9 X10 X11 X12 X13 X14	
X1 X2 X3		厂商代码
X4		产品类型代码
X5		电池类型代码
X6 X7		规格代码
	X8 X9 X10 X11 X12 X13 X14	追溯信息代码

（2）第二部分代码结构　见表 2-1-3。

表 2-1-3　第二部分代码结构

基本结构	扩展结构2	含　义
X15 X16 X17 X18 X19 X20 X21 X22 X23 X24	X25 X26	
X15 X16 X17		生产日期代码
X18 X19 X20 X21 X22 X23 X24		序列号
	X25 X26	梯级利用代码

2. 代码结构的表示方法

（1）厂商代码　厂商包括生产厂商、梯级利用厂商、进口商，厂商代码由3位英文大写字母、数字0~9或字母与数字组合表示，由行业管理部门统一分配。

（2）产品类型代码　分别用大写字母P、M、C表示动力电池包、蓄电池模块及单体蓄电池。

（3）电池类型代码　以电池材料类别代表电池类型，电池类型代码由1位英文大写字母表示，见表2-1-4。对于多组分混合材料体系，采用含量最大的材料组分编写代码；存在两种或两种以上相同含量的材料组分，以安全性较差的材料组分编写代码。

（4）规格代码　规格代码由两位英文大写字母、数字0~9或字母与数字组合表示，由企业自行定义，指代不同的产品规格型号。企业需对自定义规格代码进行备案说明。

（5）追溯信息代码　追溯信息代码由7位英文大写字母、数字0~9或字母与数字组合表示，由企业进行自行定义。对于新的动力电池产品，需加入追溯信息代码；梯级利用动力电池产品无追溯信息代码。企业需对自定义追溯信息代码进行备案说明，不建议使用容易和数字混淆的字母，如 O、L、Q、S、Z 等字母。

表 2-1-4 电池类型代码

电池类型	代码
镍氢电池	A
磷酸铁锂离子蓄电池	B
锰酸锂离子蓄电池	C
钴酸锂离子蓄电池	D
三元材料电池	E
超级电容器	F
钛酸锂离子蓄电池	G
其他	Z

（6）生产日期代码　生产日期由 3 位英文大写字母和数字表示。其中，第 1 位表示年份，年份代码按照表 2-1-5 规定使用（30 年循环一次）；第 2 位表示月份，以十六进制数值表示；第 3 位表示自然日，按照表 2-1-6 规定使用。

表 2-1-5 生产年份代码

年份	代码	年份	代码	年份	代码	年份	代码
2011	1	2021	B	2031	M	2041	1
2012	2	2022	C	2032	N	2042	2
2013	3	2023	D	2033	P	2043	3
2014	4	2024	E	2034	R	2044	4
2015	5	2025	F	2035	S	2045	5
2016	6	2026	G	2036	T	2046	6
2017	7	2027	H	2037	V	2047	7
2018	8	2028	J	2038	W	2048	8
2019	9	2029	K	2039	X	2049	9
2020	A	2030	L	2040	Y	2050	A

（7）序列号　序列号代码由 7 位十进制数值表示，数值范围为 0000000~9999999，是在指定生产线生产动力电池包、模块、单体产品的当日顺序号。

表 2-1-6 生产日期代码

日期	代码	日期	代码	日期	代码
1	1	12	C	23	P
2	2	13	D	21	R

(续)

日期	代码	日期	代码	日期	代码
3	3	11	E	25	S
4	4	15	F	26	T
5	5	16	G	27	V
6	6	17	H	28	W
7	7	18	J	29	X
8	8	19	K	30	Y
9	9	20	L	31	0
10	A	21	M		
11	B	22	N		

（8）梯级利用代码　梯级利用代码适用于梯级利用产品，由两位大写英文字母表示，见表 2-1-7。非梯级利用产品不需标识，对于梯级利用动力电池产品需要重新按照编码规则进行编码，原动力电池产品的编码需要保留。

表 2-1-7　梯级利用代码

梯级利用产品形式	代码
动力电池包自接梯级利用	RP
蓄电池模块自接梯级利用	RM
单体蓄电池梯级利用	RC

3. 动力电池编码示例

某动力电池的编码示例：05IPEP46A1HZAQ97R0000019（图 2-1-5）。

——05I（厂商代码）：某动力电池生产厂商的统一分配编码。

——P（产品类型代码）：动力电池。

——E（电池类型代码）：动力电池中电池的正极活性材料，主体为三元材料。

——P4（规格代码）：备案的企业自定义动力电池规格代码。

——6A1HZAQ（扩展结构 1 代码）：备案的企业自定义动力电池的追溯信息代码。

——97R（生产日期代码）：动力电池生产日期为 2019 年 07 月 24 日。

——0000019（序列号）：当日生产的同一规格动力电池的序列号。

图 2-1-5　动力电池编码

❓ **引导问题 4**：请查阅相关资料，简述 165S2P 的动力电池的结构。

_____
_____

> 竞赛指南
>
> 在2019年中国技能大赛——全国新能源汽车关键技术技能大赛的动力电池PACK装调与检测任务中，有一道题目就是要求参赛选手根据动力电池PACK装配图，将动力电池单体、接触器、采样线束、温度传感器、电流传感器、手动维护开关、蓄电池管理系统、蓄电池箱体等部件组装成动力电池PACK，其中单体蓄电池间采用电路板连接。

知识点提示

四、动力电池的结构

单体蓄电池的电压并不足以支持整车的高压部件工作，因此有必要将多个单体蓄电池串联，组成一个高电压的蓄电池PACK。车辆有一定的续驶里程要求，因此蓄电池PACK要达到一定的容量才能满足需求。

动力电池的PACK有3种组成方式：串联、先串联后并联和先并联后串联。

2020款比亚迪秦EV采用的就是通过112cell 130Ah的三元锂离子蓄电池串联而成的动力电池，此动力电池是由12个蓄电池模块串联组成的。

比亚迪的K8电动公交车（直流版）采用的就是将165cell磷酸铁锂离子蓄电池串联成组成1个PACK后，再由2个PACK并联组成的动力电池，简称为165S2P。图2-1-6中所示的蓄电池模块中，由3个IFP27175200A-105Ah的单体蓄电池并联组成了"电池砖"，由5个"电池砖"串联组成了电池模块。此类成组方式是3P5S，行业内称为"3并5串"。

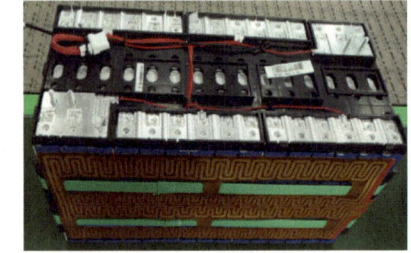

图2-1-6 3P5S蓄电池模块

动力电池放电模式

> ❓ 引导问题5：请查阅相关资料，简述比亚迪秦EV的300km续驶版本蓄电池系统的信息。
> _____
> _____

知识点提示

五、比亚迪秦EV动力电池的介绍

比亚迪秦EV的动力电池安装在车辆底部，动力电池系统是纯电动车辆的动力来源，它为整车驱动和其他用电器提供电能。如比亚迪秦EV动力电池系统的300km和405km续驶版本，其蓄电池系统由蓄电池模块、蓄电池信息采集器、串联线、托盘、密封罩、蓄电池采样线组成。动力电池内有一个高压配电盒，配电盒内包含：正、负极接触器，电流霍尔传感器和熔断器。

300km续驶版本蓄电池系统由10个蓄电池模块和10个蓄电池信息采集器组成，蓄电

池组额定容量为105Ah，单体蓄电池的标称电压为3.6V，系统标称电压为386.9V，电量为40.62kWh，300km续驶版本蓄电池系统由106cell单体蓄电池串联。

400km续驶版本蓄电池系统由10个蓄电池模块和12个蓄电池信息采集器组成，蓄电池组额定容量为130Ah，单体蓄电池的标称电压为3.6V，系统标称电压为408.8V，电量为53.13kWh，400km续驶版本蓄电池系统由112cell单体蓄电池串联。

图2-1-7所示为比亚迪秦EV的动力电池铭牌。

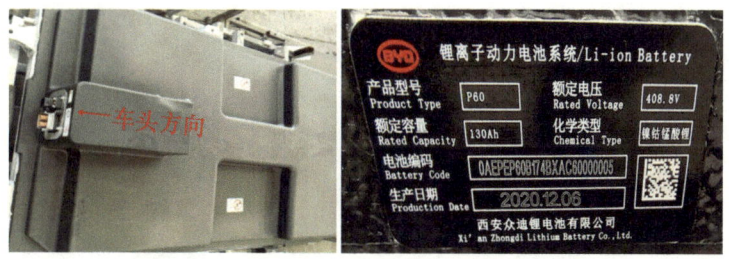

图2-1-7 比亚迪秦EV的动力电池铭牌

比亚迪秦EV的动力电池存放标准如表2-1-8所示。

表2-1-8 比亚迪秦EV的动力电池存放标准

性 能 指 标	规格（300km）	规格（400km）	备 注
动力电池容量	105Ah	130Ah	23±2℃、1C充电、1C放电
标称电压	386.9V	408.8V	
充电截止电压	4.2V	4.2V	充电截止
放电截止电压	2.5V	2.5V	放电截止
充电温度	-20~65℃	-20~65℃	与BMS配套使用
放电温度	-30~65℃	-30~65℃	与BMS配套使用
储存温度	-40~40℃，短期储存（3个月）25%≤SOC≤40%		
	-20~35℃，长期储存（<1年）30%≤SOC≤40%		
重量	≥350kg		

工作计划

按照所学知识和小组内部讨论的结果，制订工作计划（表2-1-9），包括资料查阅渠道的落实、任务实施中的内容分工等。

表2-1-9 工作计划

步骤	工 作 内 容	负责人
1		
2		
3		
4		
5		

进行决策

1. 各组派代表阐述资料查询结果。
2. 各组就各自的查询结果进行交流并分享技巧。
3. 教师结合各组完成的情况进行点评,选出最佳方案。

任务实施

一、设备及工具准备

设备及工具准备见表 2-1-10。

表 2-1-10　设备及工具准备

序号	设备及工具名称	数量
1	比亚迪秦 EV	1 辆
2	动力电池举升平台	1 台
3	龙门举升机	1 台
4	耐磨手套、绝缘手套	2 套
5	一体化工、量具	1 套
6	工位安全套装	1 套
7	万用表	1 台

二、场地设备准备

检查实训场地和设备设施是否清洁、是否存在安全隐患,配电箱、插排是否符合用电需求。如果不正常,应汇报教师后进行处理。

三、安全防护准备

1. 禁止在车辆上电情况下检查与更换蓄电池模块。
2. 禁止在带电状态下触碰任何带安全警示标志的部件。
3. 禁止徒手触摸任何橙色的线束。

四、实训记录

实训记录见表 2-1-11~ 表 2-1-18。

表 2-1-11　高压安全作业准备

序号	步骤	记录	完成情况
1	检查人员资质要求:对电动汽车高压系统维修操作,操作人员需满足国家法规要求的机电维修工岗位要求或本人持有电工操作证		已完成□ 未完成□
2	确认工作场地干燥、无水渍		已完成□ 未完成□

(续)

序号	步骤	记录	完成情况
3	在工作场地铺设橡胶绝缘垫		已完成□ 未完成□
4	工作场地设置警示牌与高压作业区域隔离		已完成□ 未完成□
5	配备紧急救援和灾害处理的相关设施,例如干粉灭火器和急救箱等		已完成□ 未完成□
6	实现监护制度:1人监护,1人操作		已完成□ 未完成□
7	操作人员必须穿绝缘鞋、戴绝缘手套,其电压等级必须大于操作对象的最高电压,必要时戴防护眼镜或防护面罩。所有用具在使用前,必须检查是否完好、干燥无异味,确保安全。操作人员不允许佩戴金属饰品		已完成□ 未完成□

表 2-1-12　高压安全下电

序号	步骤	记录	完成情况
1	将车辆停在作业工位		已完成□ 未完成□
2	车辆下电,将车辆钥匙存放在安全处		已完成□ 未完成□
3	打开前机舱,铺设前机舱翼子板垫 		已完成□ 未完成□
4	断开辅助蓄电池负极,负极电缆接头用绝缘胶布包好。将辅助蓄电池负极桩头用盖子盖好或用绝缘胶布包好 		已完成□ 未完成□
5	放置车辆 5~10min,对新能源汽车的高压电容器进行放电		已完成□ 未完成□

(续)

序号	步骤	记录	完成情况
6	断开前机舱动力电池母线进行验电。断开动力电池母线后，需要对动力电池的母线进行验电，如果母线有残余电荷，需用放电设备进行放电，确保动力电池母线无电 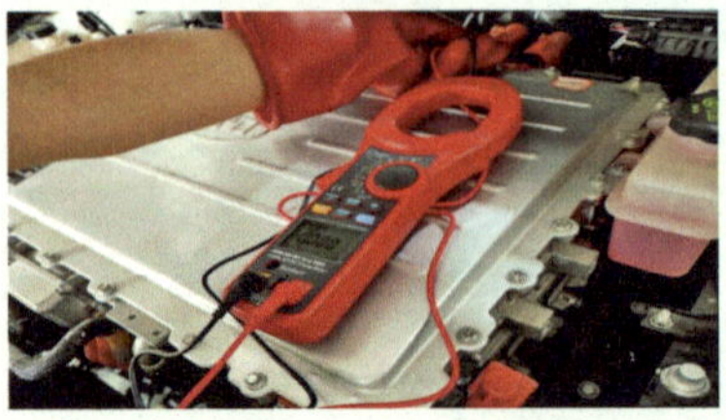		已完成□ 未完成□
7	验电完毕，将动力电池母线接插件用盖子盖好或用绝缘胶布包好		已完成□ 未完成□

表 2-1-13　举升车辆

序号	步骤	记录	完成情况
1	调节举升臂位置，使举升臂上的垫块对准车辆的举升点		已完成□ 未完成□
2	按下举升按钮，当汽车被举起时，观察车辆是否被水平托举		已完成□ 未完成□
3	当车辆离地面 5~10cm 时停下，检查车辆是否被平稳托举，晃动车辆是否牢固、无偏差 		已完成□ 未完成□
4	确认无问题后，将车辆举升到合适高度		已完成□ 未完成□
5	拉下锁定装置		已完成□ 未完成□

表 2-1-14　动力电池外观检查

序号	步骤	记录	完成情况
	围绕动力电池总成检查外观		已完成□ 未完成□

表 2-1-15　拆卸动力电池附件及检测

序号	步骤	记录	完成情况
1	拆下动力电池托盘底部安装在四周的护板		已完成□ 未完成□
2	拆下动力电池低压接插件及高压接插件（操作高压部件时需佩戴绝缘手套）		已完成□ 未完成□
3	用万用表检测动力电池是否漏电。 检测方法（需佩戴绝缘手套）：将万用表正极分别搭在动力电池正、负极，负极搭车身。正常值为 10V 以下。若过大，不要进行拆卸，检查漏电部位的原因，排除问题后继续操作		已完成□ 未完成□
4	排空动力电池总成中的冷却液		已完成□ 未完成□
5	拆卸动力电池总成搭铁线或等电位线		已完成□ 未完成□
6	在动力电池正下方准备动力电池升降台，升降台需要升至动力电池的高度托举动力电池		已完成□ 未完成□

表 2-1-16　拆卸动力电池

序号	步骤	记录	完成情况
1	在动力电池正下方准备动力电池升降台，升降台需要升至动力电池的高度托举动力电池		已完成☐ 未完成☐
2	戴绝缘手套，使用套筒卸掉动力电池与车身的固定螺栓，将动力电池拆放至升降台		已完成☐ 未完成☐
3	缓慢将动力电池升降台降至合适高度后拉出车辆举升工位，将动力电池放至专用工位，设置安全警示牌及隔离栏		已完成☐ 未完成☐

表 2-1-17　拆卸动力电池上盖

序号	步骤	记录	完成情况
1	使用手持式电动手枪钻，选用合适大小的钻头，沿动力电池一周取下动力电池上盖固定铆钉		已完成☐ 未完成☐
2	使用一体化工、量具里的平面铲刀，沿动力电池一周把密封胶铲出，使动力电池上盖与动力电池底板分离		已完成☐ 未完成☐
3	选用一体化工、量具里面的合适棘轮、接杆、套筒，打松动力电池高、低压插接器处压板的固定螺栓，取下固定压板		已完成☐ 未完成☐
4	将动力电池上盖取下		已完成☐ 未完成☐

表 2-1-18　动力电池结构认知

序号	步骤	记录	完成情况
1	认知动力电池基本参数		已完成☐ 未完成☐
2	认知动力电池结构组成		已完成☐ 未完成☐
3	认知动力电池内部结构框图		已完成☐ 未完成☐
4	认知高压配电箱组成		已完成☐ 未完成☐

（续）

序号	步骤	记录	完成情况
5	认知通信转换模块		已完成□ 未完成□
6	认知蓄电池采集器组成和布局（分布式蓄电池管理器）		已完成□ 未完成□
7	认知蓄电池采集线束及 FPC		已完成□ 未完成□
8	认知蓄电池模块连接方式及布局		已完成□ 未完成□
9	认知动力电池内部液冷系统的结构		已完成□ 未完成□

评价反馈

1. 各组代表展示汇报 PPT，介绍任务的完成过程。
2. 以小组为单位，对各组的操作过程与操作结果进行自评和互评，将结果填入表 2-1-19 中。

表 2-1-19　学生评价表

姓名			学号			班级				组别			
实训任务													
评价项目	分值	等级				评价对象（组别）							
		A	B	C	D	1	2	3	4	5	6	7	8
方案合理	20	20	15	10	5								
团队合作	20	20	15	10	5								
工作质量	20	20	15	10	5								
工作规范	20	20	15	10	5								
汇报展示	20	20	15	10	5								
合计	100	各组得分											
总结与反思													

（如：学习过程中遇到的问题→如何解决的/解决不了的原因→心得体会）

3. 教师对学生工作过程与工作结果进行评价，将评价结果填入表 2-1-20 中。

表 2-1-20　教师对学生评价表

姓名			学号	班级	组别	
实训任务						
评价项目			评价标准		分值	得分
考勤（10%）			无无故迟到、早退、旷课现象		10	
工作过程（60%）	知识目标	获取信息	掌握工作相关知识		10	
		进行决策	制订工作方案，方案合理可行		10	
	技能目标	任务实施	能够分辨蓄电池模组组件		5	
			能够进行秦EV蓄电池管理系统的拆卸		5	
			能够进行蓄电池管理系统的正确安装		10	
	素养目标	工作态度	认真严谨、积极主动、安全生产、文明施工		5	
		团队合作	与小组成员、同学之间能合作交流、协调工作		5	
项目成果（30%）		工作质量	严格按照工作方案操作，按计划完成工作任务		10	
		工作完整	能按时完成工作任务的所有环节		10	
		工作规范	能在整个操作过程中规范操作，避免意外事故发生		10	
		汇报展示	能准确表达、汇报工作成果		10	
合计					100	
综合评价			学生评价（50%）	教师评价（50%）	综合得分	
综合评语			（作业过程中存在的问题及改进建议）			

任务二　动力电池PACK检测

任务目标

知识目标
1. 掌握动力电池 PACK 绝缘检测的意义。
2. 掌握动力电池绝缘检测的注意事项。

技能目标
具有使用相应检测仪器完成动力电池绝缘性检测的能力。

项目二　动力电池系统检修

> **素养目标**
> 1. 培养认真严谨、积极主动、安全生产、文明施工的工作态度。
> 2. 与小组成员、同学之间能合作交流、协调工作。
> 3. 严格按照工作方案操作，按计划完成工作任务。

任务框图

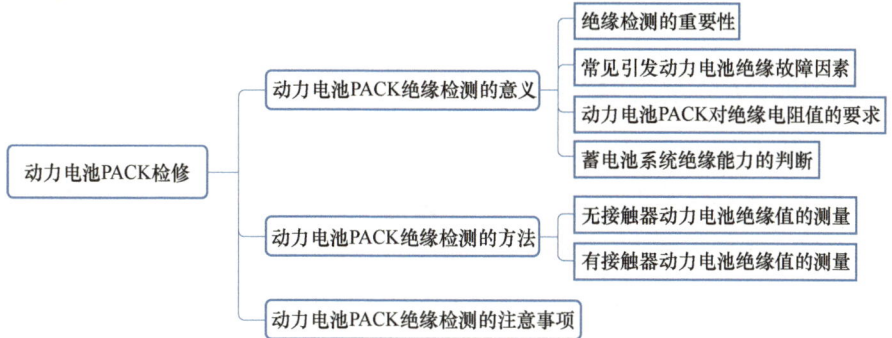

任务导入

某电动汽车上电后出现绝缘故障，你作为一名蓄电池测试助理工程师知道怎么处理此故障吗？

任务分组

学生任务分配表见表 2-2-1。

表 2-2-1　学生任务分配表

班　级		组　号		指导老师	
组　长		学　号			
组　员	姓名：_____ 学号：_____ 姓名：_____ 学号：_____ 姓名：_____ 学号：_____ 姓名：_____ 学号：_____			姓名：_____ 学号：_____ 姓名：_____ 学号：_____ 姓名：_____ 学号：_____ 姓名：_____ 学号：_____	
任　务　分　工					

（就组织讨论、工具准备、数据采集、数据记录、安全监督、成果展示等工作内容进行任务分工）

获取信息

> **引导问题1**：请查阅相关资料，简述目前电动汽车工作环境中的哪些因素会破坏绝缘层。
>
> _____
>
> _____

知识点提示

一、动力电池PACK绝缘检测的意义

1. 绝缘检测的重要性

在正常情况下，电动汽车的高压系统是一个封闭的系统，对车体是完全绝缘的。由于电动汽车工作环境复杂，车辆的振动、高温环境、湿度的急剧变化、酸碱气体的腐蚀都有可能会使电动汽车的绝缘层遭到破坏，使整车绝缘性能下降，导致车体漏电。

在漏电情况下，动力电池的正、负极引线会通过绝缘层与车辆的底盘构成漏电流回路，使车辆的底盘电位升高，影响低压电器和车辆上的ECU的正常工作。现在的电动汽车的工作电压通常为400~500V，有些主机厂已推出800V高压系统，如果发生绝缘问题，可能危及驾驶人和乘客的人身安全。

2. 常见引发动力电池绝缘故障因素

（1）常见引发动力电池内部绝缘故障的因素

1）电解液泄露、外部液体侵入、绝缘层被破坏等因素，造成动力电池模块或单体出现了异常的导电回路而导致绝缘故障。此类故障发生后可能会造成较严重的后果，如打火烧蚀、模块内单体短路等。

2）蓄电池管理单元有大量线缆通过插接器接入，若出现凝露或电金属迁移等，容易在内部产生各种潜在导通路径，出现绝缘故障。

3）蓄电池模块内部由于振动、冲击等导致磨损、错位，若出现绝缘纸、蓝膜失效等情况，会导致绝缘故障。

4）蓄电池管理系统（BMS）和配电盒这两个部件是直接接入高压的，若出现隔离失效，也会引发绝缘故障。

（2）常见引发动力电池外部高压系统故障的因素

1）外部高压配电回路主要包括高压插接器和高压电缆，该部分常见故障有两种：一种是配件的质量问题，供应商在处理高压电缆屏蔽层时工艺不当，导致屏蔽丝与功率端子异常接触，引起绝缘故障；另一种是绝缘层在长时间运行后老化，导致绝缘性能降低或绝缘层开裂，引起绝缘故障。

2）驱动电机、电机控制器、直流变换器、车载充电器、直流加热系统、制冷空调系统等高压用电部件内部出现绝缘故障。对于这类问题，把各部件系统内部的高压插接器及高压电缆绝缘故障归属上一类后，就只需考虑部件内部的自身相关绝缘防护是否合理。

3. 动力电池PACK对绝缘电阻值的要求

由国家标准《特低电压（ELV）限值》（GB/T 3805—2008）可知：一定电压作用下，通

过人体电流的大小与人体电阻有关（在有触电保护装置的情况下，人体允许通过的电流为30mA），一般在干燥、无外伤情况下人体的电阻约为2000Ω。因此可以得知直流电压高于60V会对人体造成电击伤害。电动汽车的动力电池是高压、高能量存储装置，因此若其漏电会对无任何防触电保护措施的人员伤害极大。

由国际电工标准可知，人体对电流没有任何感觉的电流阈值是2mA。这就要求人或其他物体构成蓄电池系统（或"高电压"电路）与地之间的外部电路时，泄漏电流不能超过2mA，即人直接接触电气系统任一点的时候，流过人体的电流小于2mA才认为车辆绝缘合格。因此，在电动汽车的开发中，要注意高压电气系统的绝缘设计，严格控制绝缘电阻值，使泄漏电流在安全的范围内。

GB/T 18384—2020《电动汽车安全要求》中：在最大工作电压下，直流电路绝缘电阻的最小值应至少大于100Ω/V，交流电路应不小于500Ω/V；如果直流和交流的B级电压电路可导电的连接在一起，应满足绝缘电阻不小于500Ω/V的要求。若交流电路增加附加保护，组合电路应至少满足100Ω/V的要求。

4. 蓄电池系统绝缘能力的判断

衡量蓄电池系统绝缘能力的参数有绝缘电阻和漏电流，一般用于表示绝缘测试结果。

（1）绝缘电阻　绝缘介质所具有的电阻值，是衡量介质绝缘性能好坏的物理量；在常见的测量方式中，表现为带电器件与壳体、大地等参考平台之间的电阻值。由于其数值较大，常用单位为MΩ。

（2）漏电流　漏电流是系统内流过绝缘材料表面的电流，数值越大，说明系统绝缘性能越差，常用单位为mΩ。

> **❓ 引导问题2**：请查阅相关资料，简述判断动力电池绝缘不良之后应当如何处理。
> _____
> _____

竞赛指南　在2019年中国技能大赛——全国新能源汽车关键技术技能大赛的动力电池PACK装调与检测任务中，有一道题目就是要求参赛选手在工装调试模式下，使用绝缘测试仪检测动力电池PACK的绝缘性；使用上位机软件设置蓄电池管理系统的充、放电截止电压，充、放电允许电流，压差过大故障阈值，温差过大故障阈值等参数；利用国标充电桩对动力电池PACK进行充电，验证蓄电池管理系统充、放电保护功能。

💡 知识点提示

二、动力电池PACK绝缘检测的方法

1. 无接触器动力电池绝缘值的测量

1）测量动力电池母线正极对壳体电压（图2-2-1），记作$V_正$。

2）测量动力电池母线负极对壳体电压（图 2-2-2），记作 $V_负$。

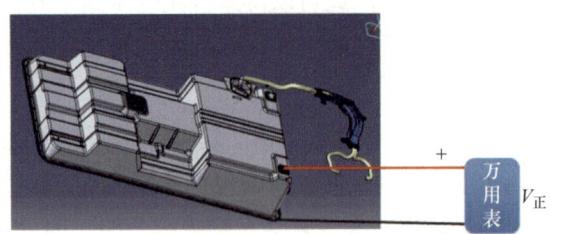

图 2-2-1　测量动力电池正极对壳体电压　　　　图 2-2-2　测量动力电池负极对壳体电压

3）比较 $V_正$ 和 $V_负$，选择电压大的进行下一步。例如当 $V_正 > V_负$ 时，在万用表上并联一个 100kΩ 以上的电阻再次测量动力电池母线正极对壳体电压（图 2-2-3），记作 $V'_正$。

4）按下式计算并判断是否漏电。

$$\dfrac{\dfrac{V_正 - V'_正}{V'_正} \times R}{蓄电池包电压} > 500\,\Omega/V \quad 不漏电; \qquad \dfrac{\dfrac{V_正 - V'_正}{V'_正} \times R}{蓄电池包电压} \leq 500\,\Omega/V \quad 漏电$$

上述绝缘检测的方式适用于内部没有接触器的动力电池，对有接触器的动力电池以上检测方式不合适，需要借助检测工装让接触器闭合后才可检测。

2. 有接触器动力电池绝缘值的测量

1）关闭起动开关，断开蓄电池母线负极，断开维修开关（装有时），等待 3~5min。拆开充配电总成的高压母线检测盖，戴好绝缘防护手套，车

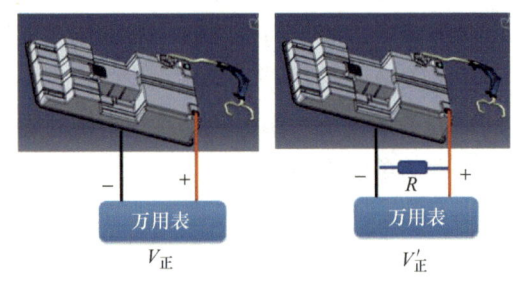

图 2-2-3　进一步测量

辆上电，使用万用表分别测量直流母线正极与车身地之间的电压、直流母线负极与车身地之间的电压。测量负极与车身地之间的电压为 328.9V，说明动力电池与车身之间存在绝缘故障。

注意：

① 利用整车上电预充时动力电池内部接触器吸合，便可测试正、负极对车身地电压。

② 高压系统和低压系统是不共地的两套系统，正常情况下动力电池正、负极对车身地是无法测到电压的，如果能测到说明漏电了。

2）使用绝缘电阻测试仪检测动力电池高压电缆线的绝缘值无故障后，即可判断动力电池绝缘不良。拆解动力电池，找到漏电的模块或直接更换动力电池（比亚迪车型的动力电池不允许开包检测，只能更换，宁德时代、国轩高科等动力电池都可以开包检测）。更换完动力电池后需要给蓄电池标定 SOC。

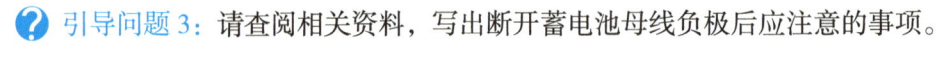

❓ **引导问题 3**：请查阅相关资料，写出断开蓄电池母线负极后应注意的事项。

知识点提示

三、动力电池PACK绝缘检测的注意事项

1）关闭起动开关，断开辅助蓄电池的负极，断开手动维修开关（装有时），等待3~5min。

2）拆开充电配电总成的上盖，佩戴绝缘防护手套，用万用表测量高压母线之间的电压（<10V），断开蓄电池输出高压母线。

3）绝缘电阻测试仪能瞬间释放1000V的高压电，使用时注意戴好绝缘防护手套。

工作计划

按照所学知识和小组内部讨论的结果，制订工作计划（表2-2-2），包括资料查阅渠道的落实、任务实施中的内容分工等。

表2-2-2 工作计划

步骤	工作内容	负责人
1		
2		
3		
4		
5		

进行决策

1. 各组派代表阐述资料查询结果。
2. 各组就各自的查询结果进行交流并分享技巧。
3. 教师结合各组完成的情况进行点评，选出最佳方案。

任务实施

一、设备及工具准备

设备及工具准备见表2-2-3。

表2-2-3 设备及工具准备

序号	设备及工具名称	数量
1	比亚迪秦EV	1台
2	道通MS908E汽车故障诊断仪	1套
3	数字万用表	1套
4	绝缘电阻测试仪	1台
5	个人防护套装	2套

(续)

序号	设备及工具名称	数量
6	工位防护套装	1套
7	一体化工、量具	1套
8	举升机和举升平台	1套
9	绝缘防护手套	1套
10	防磨手套	2套
11	绝缘帽	1顶
12	车外三件套和车内四件套	1套
13	防护镜	1副

二、场地设备准备

检查实训场地和设备设施是否清洁及存在安全隐患，配电箱、插排是否符合用电需求。如果不正常，应汇报教师后进行处理。

三、安全防护准备

1. 穿戴绝缘鞋和安全帽。
2. 设置隔离栏隔离维修工位。
3. 在工位出口处设置高压安全警示牌，提醒周边人员工位正在进行高压电气维修。
4. 记录车辆铭牌信息。

四、实训记录

实训记录见表 2-2-4~ 表 2-2-10。

表 2-2-4　高压安全作业准备

序号	步骤	记录	完成情况
1	检查人员资质要求：对电动汽车高压系统维修操作，操作人员需满足国家法规要求的机电维修工岗位要求或本人持有电工操作证		已完成□ 未完成□
2	确认工作场地干燥、无水渍		已完成□ 未完成□
3	在工作场地铺设橡胶绝缘垫		已完成□ 未完成□
4	工作场地设置警示牌与高压作业区域隔离		已完成□ 未完成□
5	配备紧急救援和灾害处理的相关设施，例如干粉灭火器和急救箱等		已完成□ 未完成□
6	实现监护制度：1人监护，1人操作		已完成□ 未完成□

（续）

序号	步骤	记录	完成情况
7	操作人员必须穿绝缘鞋、戴绝缘手套，其电压等级必须大于操作对象的最高电压，必要时戴防护眼镜或防弧面罩。所有用具在使用前，必须检查是否完好、干燥无异味，确保安全。操作人员不允许佩戴金属饰品		已完成☐ 未完成☐

表 2-2-5　用解码仪读取车辆绝缘数据流

序号	步骤	记录	完成情况
1	将车辆停在作业工位		已完成☐　未完成☐
2	车辆上电，连接解码仪		已完成☐　未完成☐
3	进入解码仪系统，选择对应的车型		已完成☐　未完成☐
4	进入蓄电池管理系统模块或漏电传感器模块读取数据流		已完成☐　未完成☐
5	记录当前车辆的绝缘阻值数据流		已完成☐　未完成☐

表 2-2-6　高压安全下电

序号	步骤	记录	完成情况
1	车辆下电，将车辆钥匙存放在安全处		已完成☐ 未完成☐
2	打开前机舱，铺设前机舱翼子板垫		已完成☐ 未完成☐
3	断开辅助蓄电池负极，将负极电缆接头用绝缘胶布包好。将辅助蓄电池负极桩头用盖子盖好或用绝缘胶布包好		已完成☐ 未完成☐
4	放置车辆 5~10min，对新能源汽车的高压电容器进行放电		已完成☐ 未完成☐
5	断开前机舱动力电池母线进行验电。断开动力电池母线后，需要对动力电池的母线进行验电，如果母线有残余电荷，需用放电设备进行放电，确保动力电池母线无电		已完成☐ 未完成☐
6	验电完毕，将动力电池母线插接件用盖子盖好或用绝缘胶布包好		已完成☐ 未完成☐

表 2-2-7　举升车辆

序号	步骤	记录	完成情况
1	调节举升臂位置，使举升臂上的垫块对准车辆的举升点		已完成☐ 未完成☐
2	按下举升按钮，当车辆被举起时，观察车辆是否被水平托举		已完成☐ 未完成☐
3	当车辆离地面 5~10cm 时停下，检查车辆是否被平稳托举，晃动车辆是否牢固、无偏差		已完成☐ 未完成☐
4	确认无问题后，将车辆举升到合适高度		已完成☐ 未完成☐
5	拉下锁定装置		已完成☐ 未完成☐

表 2-2-8　动力电池外观检查

序号	步骤	记录	完成情况
1	围绕动力电池总成检查外观		已完成□ 未完成□

表 2-2-9　动力电池绝缘性检测

序号	步骤	记录	完成情况
1	拆下动力电池托盘底部安装在四周的护板		已完成□ 未完成□
2	拆下动力电池低压插接件及高压插接件（操作高压部件时需佩戴绝缘手套）		已完成□ 未完成□
3	使用万用表检测动力电池是否漏电 检测方法（需佩戴绝缘手套） 步骤一：将万用表正极分别搭在动力电池正、负极，负极搭车身地。记录正极、负极测量数值，选择电压绝对值大的进行下一步 步骤二：电压高的极柱对地电压记录为 V_1，电压低的对地极柱电压记录为 V_0 步骤三：在万用表正、负极表笔之间连接电阻 R（大于 $100\text{k}\Omega$）重测对地电压，测量结果记录为 V_2		已完成□ 未完成□
4	使用数字绝缘电阻测试仪进行检测：选择合适的量程（根据动力电池的最大工作电压选择），将测试仪测试表笔分别搭在动力电池正、负极，COM 表笔搭车身地。正常值一般为大于 $10\text{M}\Omega$（根据 $\leq 500\Omega/\text{V}$ 判断）。记录测量数值		已完成□ 未完成□

表 2-2-10　校对动力电池绝缘阻值

序号	步骤	记录	完成情况
1	对比解码仪读取的绝缘电阻值并通过仪器测量得出的绝缘电阻值，判断车辆的绝缘性是否异常		已完成□ 未完成□

评价反馈

1. 各组代表展示汇报 PPT，介绍任务的完成过程。
2. 以小组为单位，对各组的操作过程与操作结果进行自评和互评，将结果填入表 2-2-11 中。

姓名		班级		日期			

表 2-2-11 学生评价表

姓名		学号			班级				组别			
实训任务												
评价项目	分值	等级				评价对象（组别）						
		A	B	C	D	1	2	3	4	5	6	7	8
方案合理	20	20	15	10	5								
团队合作	20	20	15	10	5								
工作质量	20	20	15	10	5								
工作规范	20	20	15	10	5								
汇报展示	20	20	15	10	5								
合计	100	各组得分											
总结与反思													

（如：学习过程中遇到的问题→如何解决的/解决不了的原因→心得体会）

3. 教师对学生工作过程与工作结果进行评价，将评价结果填入表 2-2-12 中。

表 2-2-12 教师对学生评价表

姓名			学号		班级		组别	
	实训任务							
	评价项目			评价标准			分值	得分
	考勤（10%）			无无故迟到、早退、旷课现象			10	
工作过程（60%）	知识目标	获取信息		掌握工作相关知识			10	
		进行决策		制订工作方案，方案合理可行			10	
	技能目标	任务实施		掌握动力电池 PACK 绝缘检测的意义			5	
				掌握动力电池绝缘检测的注意事项			5	
				能够安全、有序地使用相关仪器完成动力电池绝缘性检测，在过程中做好 6S 管理			10	
	素养目标	工作态度		认真严谨、积极主动、安全生产、文明施工			5	
		团队合作		与小组成员、同学之间能合作交流、协调工作			5	
		工作质量		严格按照工作方案操作，按计划完成工作任务			10	
项目成果（30%）		工作完整		能按时完成工作任务的所有环节			10	
		工作规范		能在整个操作过程中规范操作，避免意外事故发生			10	
		汇报展示		能准确表达、汇报工作成果			10	
			合计				100	
综合评价			学生评价（50%）		教师评价（50%）		综合得分	
综合评语			（作业过程中存在的问题及改进建议）					

任务三　动力电池的使用与维护

任务目标

知识目标

1. 了解动力电池使用注意事项。
2. 掌握动力电池的外观检查项目与要点。

技能目标

具有完成动力电池总成拆卸与安装操作的能力。

素养目标

1. 培养认真严谨、积极主动、安全生产、文明施工的工作态度。
2. 与小组成员、同学之间能合作交流、协调工作。
3. 严格按照工作方案操作，按计划完成工作任务。

任务框图

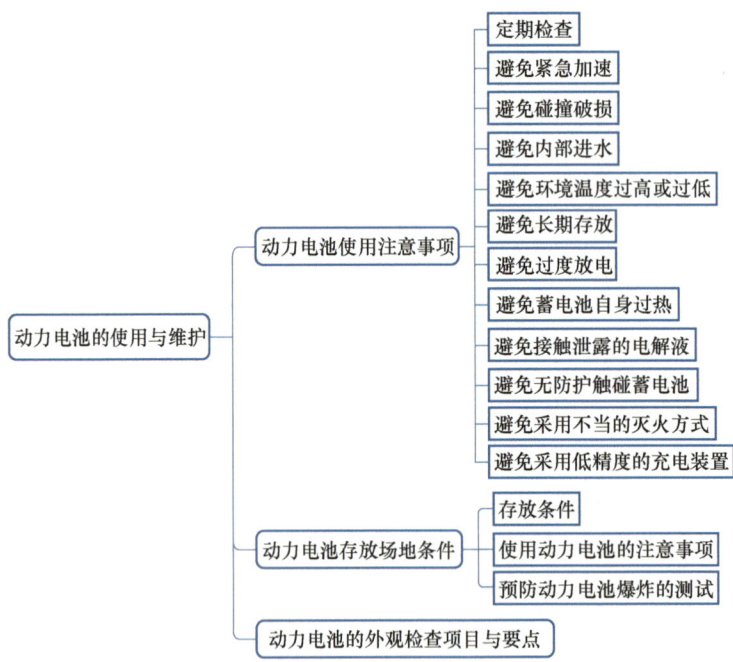

任务导入

4S 店技术主管在经过各项检测之后，判断当前检修的比亚迪秦 EV 汽车出现了动力电池故障，需要对动力电池总成进行拆卸检查。此时需要你协助技术主管按照规范程序从车上拆卸动力电池总成并在技术主管完成维修后进行安装，你能做到吗？

任务分组

学生任务分配表见表 2-3-1。

表 2-3-1 学生任务分配表

班　级		组　号		指导老师	
组　长		学　号			
组　员	姓名：＿＿＿＿ 姓名：＿＿＿＿ 姓名：＿＿＿＿ 姓名：＿＿＿＿	学号：＿＿＿＿ 学号：＿＿＿＿ 学号：＿＿＿＿ 学号：＿＿＿＿	姓名：＿＿＿＿ 姓名：＿＿＿＿ 姓名：＿＿＿＿ 姓名：＿＿＿＿	学号：＿＿＿＿ 学号：＿＿＿＿ 学号：＿＿＿＿ 学号：＿＿＿＿	
任务分工					

（就组织讨论、工具准备、数据采集、数据记录、安全监督、成果展示等工作内容进行任务分工）

获取信息

引导问题 1：请查阅相关资料，简述当车辆或动力电池起火时应如何处理。

_____
_____

知识点提示

一、动力电池使用注意事项

1. 定期检查

首先检查蓄电池模块并清洁蓄电池模块盖和极柱。如果检查时发现有杂物或污染物覆盖，应采用压缩空气法提高其表面清洁度。确保蓄电池模块外壳的完整性，避免变形、裂纹等问题。同时，应加强托盘和蓄电池盖的密封性。只有加强蓄电池与车身之间的连接，才能增强蓄电池的稳定性。

其次，检测蓄电池的连接情况，电极连接应安全稳定，以避免腐蚀等问题。此外，应确保单体蓄电池的连接点与蓄电池模块的温度传导带等部件稳定接触，以避免出现变形、松动等现象。充电时，插座与插头之间必须稳定接触，不得脱落。

最后，检测是否漏电。一般来说，为了保证电流的稳定性，蓄电池模块的电压将稳定在300V，因此蓄电池必须满足绝缘要求。同时，坚持日常维护，因为如果频繁更换和给蓄电池充电，其使用时间将缩短，故障率将提高。因此，动力电池应通过专业维修机构进行维修。坚持日常维护测试，制订管理计划，根据蓄电池的实际应用进行升级维修。其主要内容是检测电压、蓄电池盒插接器等，及时记录检测和维护日志，避免频繁维护和更换，从而降低维护成本。

2. 避免紧急加速

新能源汽车在起动和载人时，如果通过动力电池进行紧急加速，动力电池会大量放电导致硫酸铅结晶等问题，影响动力电池的物理性能。如果车辆突然减速，首先要考虑的是动力电池故障，一定要养成正确的驾驶习惯，避免紧急加速。

3. 避免碰撞破损

电动汽车动力电池一般布置在承载式车身底部，当车辆经过一些坑洼路面时，注意避免汽车底盘的刮碰，因为底盘的刮碰很可能伤害到动力电池。另外，车辆发生碰撞事故后，必须及时检查动力电池的损坏程度，因为动力电池很可能因为碰撞发生变形而导致内部短路，最终引起局部过热引发车辆自燃。如果车辆行驶过程中受到强烈碰撞，应在安全区域停车，检查车辆底盘电路、车身动力电池区域是否受损。如果动力电池产生破损，不要继续行驶，应立即联系服务站救援。

4. 避免内部进水

尽量避免动力电池进水，虽然汽车的防水性和密封性都是非常好的，动力电池也有一定的防水能力（现在国家一般要求是达到 IP67 的防水等级），但是不能保证完全不会进水。在清洗电动汽车时，不要把高压水枪直接对着动力电池进行清洗，因为在压力差的作用下，动力电池可能因为个别部件密封不严而进水短路，其后果可能会很严重，所以在电动汽车清洗过程中，注意清洗部位和高压水枪的压力。

5. 避免环境温度过高或过低

请勿在温度超过 60℃ 的环境下使用新能源电动汽车，温度过高会使动力电池、驱动电机及控制系统散热出现问题，从而导致系统报故障码，严重时会导致电路短路，有引发自燃的风险。很多电动汽车自燃就是因为热管理系统做得不到位或者使用时有一定的失误。而当环境温度低于 -5℃ 时，应停止给动力电池/车辆充电。蓄电池是有正常的充、放电工作温度的，温度过低时，蓄电池会自我保护，不能进行充电。如果在我国北方使用，必须买带蓄电池加热系统的车辆，待蓄电池加热到工作温度以后再进行充电。

6. 避免长期存放

尽量避免将电动汽车长时间存放，因为长时间存放会使动力电池因长期充电不足而降低使用寿命。所以电动汽车在存放时一定要保证动力电池处在充满电的状态下，并且保证每个月对动力电池进行补充充电。动力电池如果长期存放，必需安全断电。车辆的辅助电池（也就是 12V 的蓄电池）必须是要断开的，断开辅助电池，也就断开了动力电池的控制电路，这样动力电池的电量就不会释放出来了。如果长期不使用，建议断开动力电池的维修开关，这样动力电池内部电路就会断开，不会有造成电量损耗，也保证了蓄电池的安全性。

7. 避免过度放电

电动汽车在日常使用时，应该多注意仪表的蓄电池电量显示。最好不要等动力电池亏电后再去充电，因为动力电池过度放电会严重影响动力电池的使用寿命。同时，应该注意仪表上显示的动力电池剩余行驶里程，不要驾驶电动汽车超过满电状态下最长行驶里程的 2/3（例如，车辆在动力电池满电状态下最佳行驶里程是 150km，不要让车辆行驶超过 100km）后再去充电。

8. 避免蓄电池自身过热

电动汽车行车电脑对动力电池的过热保护做得非常到位，因此当车辆出现动力电池过热报警时，一定要停车并对动力电池进行充分散热。若在动力电池过热报警后继续行车，很可能造成动力电池过热甚至车辆自燃。

9. 避免接触泄露的电解液

当蓄电池发生电解液泄漏时，一定不要接触。电解液都有一定的腐蚀性，会对人体的皮肤产生一定的损伤。

10. 避免无防护触碰蓄电池

非专业人士禁止触碰、移动、拆解动力电池及相应的高压线缆，或其他带有高压警示标识的部件。高压系统有 100~700V 的电压，在没有安全防护的情况下禁止随意触碰。

11. 避免采用不当的灭火方式

当车辆或动力电池起火时，应迅速与车辆保持安全距离并使用电火专用灭火器灭火。使用水灭火或不正确的灭火器灭火可能导致触电。无论燃油汽车还是电动汽车都存在一定的自燃风险，尤其是在炎热的夏季，因此车上应该配备消防装备，如灭火器、逃生锤等。

12. 避免采用低精度的充电装置

电动汽车充电装置的充电精度一定要高，最好使用原厂的充电设备进行充电，充电精度高对于动力电池是有很大的好处的。

> ❓ **引导问题 2**：请查阅相关资料，简述预防动力电池爆炸的测试有哪些。
>
> _____
>
> _____

💡 知识点提示

二、动力电池存放场地条件

一般蓄电池内部均存在自放电现象，俗称"跑电"。蓄电池的存放时间及存放环境特别是温度对其有较大影响。通常存放时间越长、温度越高，蓄电池"跑电"越多；温度越高、湿度越大，会使蓄电池导电触头生锈而不易使用，且增加蓄电池的"跑电"。

1. 存放条件

1）蓄电池存放区应清洁、凉爽、通风。

2）温度应在 10~30℃，一般不应超过 40℃，相对湿度一般不大于 65% 为宜。

3）存放时间不宜过长，存放时应排列整齐，切勿正、负极相连，会造成蓄电池的短路。

2. 使用动力电池的注意事项

1）通常情况下，动力电池放电深度越深，其循环使用次数就越少，动力电池使用寿命就越短，所以在使用动力电池时应避免深度放电，尽量不要行驶到最大的行驶里程。

2）动力电池自燃的温度可达到 1000℃，同时会产生大量有毒气体，若遭遇动力电池自燃事故，需立即报火警并远离车辆。

3）动力电池系统存在高压电路，无相关资质的人员禁止进行拆卸操作。

3. 预防动力电池爆炸的测试

1）针刺试验：钢钉穿刺电池，不爆炸。

2）热冲击试验：强高温单体蓄电池加热，不爆炸。

3）重物冲击试验：电力控制下的重物自由落体冲击，不爆炸。

4）9V 反充电试验：9V 蓄电池模块反向充电，不爆炸。

5）9V 过充电测试：9V 蓄电池模块过充电，不爆炸。

6）55℃短路测试：55℃短路测试，不爆炸。

7）挤压测试：强力挤压测试，不爆炸。

 引导问题3：请查阅相关资料，简述检查动力电池外观时应该注意哪些方面。

_____

_____

动力电池外观检查

竞赛指南　在 2019 年中国技能大赛——全国新能源汽车关键技术技能大赛的理论知识竞赛中，汽车电动化的组卷占比约 60%，汽车电动化模块的出题范围就包括了动力电池装卸与维护技术。

知识点提示

三、动力电池的外观检查项目与要点

1）在拆解动力电池前，要检查动力电池高压插接器、低压插接器、蓄电池箱体、各螺栓和螺纹孔等是否正常，动力电池的第一可视面是否具有安全风险警示标签。

2）记录动力电池铭牌信息，查明单体蓄电池的化学体系类型和动力电池系统的基本参数以便识别。基本参数包含：蓄电池系统中单体蓄电池化学体系类型、额定电压、总能量、最大放电电流、最大充电电流、蓄电池系统整体质量等。

3）检查要点如下：

① 检查动力电池高压线缆动力电池端插件状况是否正常，如图 2-3-1 所示。

② 检查低压控制线束动力电池端插件状况是否正常，如图 2-3-2 所示。

图 2-3-1　检查高压输出端

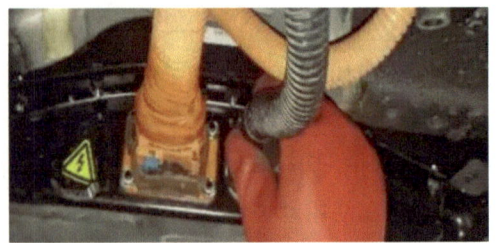

图 2-3-2　检查低压输出端

③ 测量动力电池高压输出端的正、负极电压，如图 2-3-3 所示。

④ 检查动力电池外观有无变形、裂纹、大面积氧化和脱漆等情况，如图2-3-4所示。

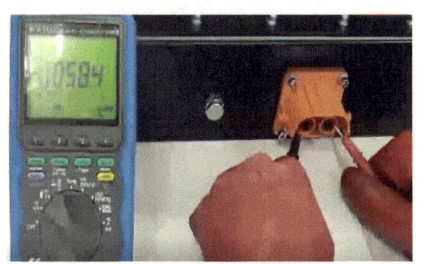

图 2-3-3　测正、负极电压

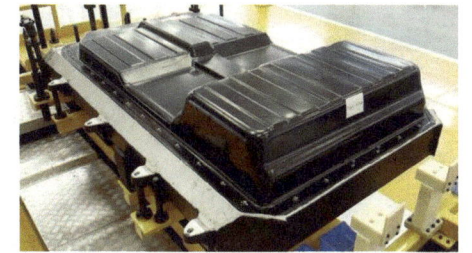

图 2-3-4　检查动力电池外观有无裂纹、脱漆等情况

⑤ 检查动力电池壳体紧固螺栓有无松动和缺失。

⑥ 戴绝缘手套用干抹布清洁动力电池表面，使动力电池表面无灰尘和油渍等。

工作计划

按照所学知识和小组内部讨论的结果，制订工作计划（表2-3-2），包括资料查阅渠道的落实、任务实施中的内容分工等。

表 2-3-2　工作计划

步骤	工 作 内 容	负责人
1		
2		
3		
4		
5		

进行决策

1. 各组派代表阐述资料查询结果。
2. 各组就各自的查询结果进行交流并分享技巧。
3. 教师结合各组完成的情况进行点评，选出最佳方案。

任务实施

一、设备及工具准备

设备及工具准备见表2-3-3。

表 2-3-3　设备及工具准备

序号	设备及工具名称	数　量
1	比亚迪秦EV	1辆
2	动力电池举升平台	1台
3	龙门举升机	1台

(续)

序号	设备及工具名称	数量
4	耐磨手套、绝缘手套	2套
5	一体化工、量具	1套
6	工位安全套装	1套
7	万用表	1台

二、场地设备准备

检查实训场地和设备设施是否清洁及存在安全隐患，配电箱、插排是否符合用电需求。如果不正常，应汇报教师后进行处理。

三、安全防护准备

1. 禁止在车辆上电高压情况下检查与更换蓄电池模块。
2. 禁止在带电状态下触碰任何带安全警示标志的部件。
3. 禁止徒手触摸任何橙色的线束。

四、实训记录

实训记录见表 2-3-4 ~ 表 2-3-13。

表 2-3-4 高压安全作业准备

序号	步骤	记录	完成情况
1	检查人员资质要求：对电动汽车高压系统维修操作，操作人员需满足国家法规要求的机电维修工岗位要求或本人持有电工操作证		已完成□ 未完成□
2	确认工作场地干燥、无水渍		已完成□ 未完成□
3	在工作场地铺设橡胶绝缘垫		已完成□ 未完成□
4	工作场地设置警示牌与高压作业区域隔离		已完成□ 未完成□
5	配备紧急救援和灾害处理的相关设施，例如干粉灭火器和急救箱等		已完成□ 未完成□
6	实现监护制度：1人监护，1人操作		已完成□ 未完成□
7	操作人员必须穿绝缘鞋、戴绝缘手套，其电压等级必须大于操作对象的最高电压，必要时戴防护眼镜或防护面罩。所有用具在使用前，必须检查是否完好、干燥无异味，确保安全。操作人员不允许佩戴金属饰品		已完成□ 未完成□

表 2-3-5　高压安全下电

序号	步骤	记录	完成情况
1	将车辆停在作业工位		已完成☐ 未完成☐
2	车辆下电，将车辆钥匙存放在安全处		已完成☐ 未完成☐
3	打开前机舱，铺设前机舱翼子板垫		已完成☐ 未完成☐
4	断开辅助蓄电池负极，将负极电缆接头用绝缘胶布包好。将辅助蓄电池负极桩头用盖子盖好或用绝缘胶布包好		已完成☐ 未完成☐
5	放置车辆 5~10min，对新能源汽车的高压电容器进行放电		已完成☐ 未完成☐
6	断开前机舱动力电池母线进行验电。断开动力电池母线后，需要对动力电池的母线进行验电，如果母线有残余电荷，需用放电设备进行放电，确保动力电池母线无电		已完成☐ 未完成☐
7	验电完毕，将动力电池母线插接件用盖子盖好或用绝缘胶布包好		已完成☐ 未完成☐

表 2-3-6　举升车辆

序号	步骤	记录	完成情况
1	调节举升臂位置，使举升臂上的垫块对准车辆的举升点		已完成☐ 未完成☐
2	按下举升按钮，当车辆被举起时，观察车辆是否被水平托举		已完成☐ 未完成☐
3	当车辆离地面 5~10cm 时停下，检查车辆是否被平稳托举，晃动车辆是否牢固、无偏差		已完成☐ 未完成☐
4	确认无问题后，将车辆举升到合适高度		已完成☐ 未完成☐
5	拉下锁定装置		已完成☐ 未完成☐

表 2-3-7　动力电池外观检查

序号	步骤	记录	完成情况
1	围绕动力电池总成检查外观		已完成☐ 未完成☐

表 2-3-8　拆卸动力电池附件及检测

序号	步骤	记录	完成情况
1	拆下动力电池托盘底部安装在四周的护板		已完成☐ 未完成☐
2	拆下动力电池低压插接件及高压插接件（操作高压部件时需佩戴绝缘手套）		已完成☐ 未完成☐

（续）

序号	步骤	记录	完成情况
3	用万用表检测动力电池是否漏电。检测方法（需戴绝缘手套）：将万用表正极分别搭在蓄电池正、负极，负极搭车身地。正常值为10V以下。若过大，不要拆卸，检查漏电部位的原因，排除问题后继续操作		已完成☐ 未完成☐
4	将动力电池高压接口及电压接口处做好防护		已完成☐ 未完成☐
5	排空动力电池总成中的冷却液（可将蓄电池冷却液壶盖提前打开）		已完成☐ 未完成☐
6	拆卸动力电池总成搭铁线或等电位线		已完成☐ 未完成☐
7	在动力电池正下方准备动力电池升降台，升降台需要升至动力电池的高度托举动力电池		已完成☐ 未完成☐

表 2-3-9　拆卸动力电池

序号	步骤	记录	完成情况
1	在动力电池正下方准备动力电池升降台，升降台需要升至动力电池的高度托举动力电池		已完成☐ 未完成☐
2	戴绝缘手套，使用套筒卸掉动力电池与车身的固定螺栓，将动力电池拆放至升降台		已完成☐ 未完成☐
3	缓慢将动力电池升降台降至合适高度后拉出车辆举升工位，将动力电池放至专用工位，设置安全警示牌及隔离栏		已完成☐ 未完成☐

表 2-3-10　安装动力电池总成

序号	步骤	记录	完成情况
1	将新的动力电池总成或维修完毕的动力电池总成放置在动力电池举升平台上		已完成☐ 未完成☐
2	缓慢举升动力电池，调整举升平台的位置，使动力电池总成上的安装孔与车身对齐		已完成☐ 未完成☐
3	安装并紧固动力电池总成后部的固定螺栓		已完成☐ 未完成☐
4	安装并紧固动力电池总成前部的固定螺栓		已完成☐ 未完成☐
5	安装并紧固动力电池总成左、右固定螺栓		已完成☐ 未完成☐
6	安装并紧固动力电池总成搭铁线或等电位线		已完成☐ 未完成☐
7	安装动力电池低压接插件及高压插接件（操作高压部件时需佩戴绝缘手套），插接时注意"一插、二响、三确认"		已完成☐ 未完成☐

（续）

序号	步骤	记录	完成情况
8	连接动力电池总成的出水管及进水管 		已完成□ 未完成□

表 2-3-11　连接前机舱动力电池母线

序号	步骤	记录	完成情况
1	安装充配电总成上的动力电池母线高压插接件，插接时注意"一插、二响、三确认"		已完成□ 未完成□

表 2-3-12　补充动力电池冷却液

序号	步骤	记录	完成情况
1	在前机舱蓄电池冷却液壶中加入专用冷却液，加至冷却液液面最大液位线		已完成□ 未完成□
2	连接辅助蓄电池负极		已完成□ 未完成□
3	车辆上电		已完成□ 未完成□
4	连接解码仪，进入蓄电池管理控制器模块。进行动作测试，蓄电池水泵循环		已完成□ 未完成□
5	观察冷却液水壶液位情况，及时补充冷却液		已完成□ 未完成□
6	蓄电池水泵循环完毕，冷却液液位处于 MAX 以下、MIN 以上即可		已完成□ 未完成□
7	蓄电池冷却液加注完毕		已完成□ 未完成□

表 2-3-13　检查车辆动力电池数据

序号	步骤	记录	完成情况
1	连接解码仪，读取车辆故障码		已完成□ 未完成□
2	清除历史故障码 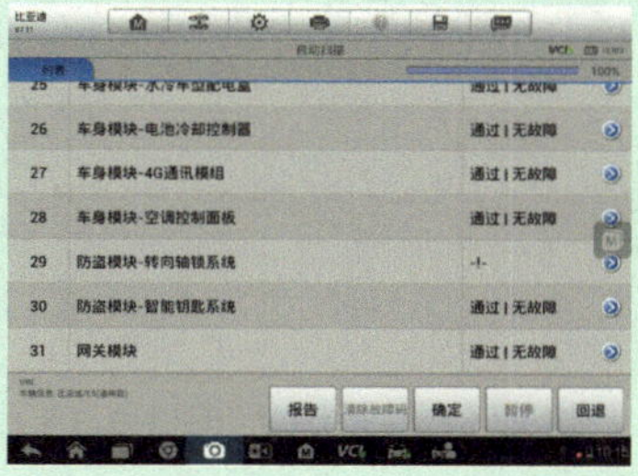		已完成□ 未完成□

(续)

序号	步骤	记录	完成情况
3	检查蓄电池管理系统数据流是否异常		已完成☐ 未完成☐
4	无问题后，动力电池总成更换完毕		已完成☐ 未完成☐

评价反馈

1. 各组代表展示汇报PPT，介绍任务的完成过程。
2. 以小组为单位，对各组的操作过程与操作结果进行自评和互评，将结果填入表2-3-14中。

表2-3-14 学生评价表

姓名			学号			班级				组别			
实训任务													
评价项目	分值	等级				评价对象（组别）							
		A	B	C	D	1	2	3	4	5	6	7	8
方案合理	20	20	15	10	5								
团队合作	20	20	15	10	5								
工作质量	20	20	15	10	5								
工作规范	20	20	15	10	5								
汇报展示	20	20	15	10	5								
合计	100	各组得分											
总结与反思													

（如：学习过程中遇到的问题→如何解决的/解决不了的原因→心得体会）

3. 教师对学生工作过程与工作结果进行评价，将评价结果填入表2-3-15中。

项目二　动力电池系统检修

| 姓名 | | 班级 | | 日期 | |

表 2-3-15　教师对学生评价表

姓名			学号		班级		组别	
实训任务								
评价项目			评价标准				分值	得分
考勤（10%）			无无故迟到、早退、旷课现象				10	
工作过程（60%）	知识目标	获取信息	掌握工作相关知识				10	
		进行决策	制订工作方案，方案合理可行				10	
工作过程（60%）	技能目标	任务实施	了解动力电池的定义及分类				5	
			熟悉比亚迪秦 EV 动力电池系统的组成和结构				5	
			能够安全有序地完成动力电池总成拆卸与安装操作				10	
	素养目标	工作态度	认真严谨、积极主动、安全生产、文明施工				5	
		团队合作	与小组成员、同学之间能合作交流、协调工作				5	
		工作质量	严格按照工作方案操作，按计划完成工作任务				10	
项目成果（30%）		工作完整	能按时完成工作任务的所有环节				10	
		工作规范	能在整个操作过程中规范操作，避免意外事故发生				10	
		汇报展示	能准确表达、汇报工作成果				10	
合计							100	
综合评价			学生评价（50%）		教师评价（50%）		综合得分	
综合评语			（作业过程中存在的问题及改进建议）					

任务四　动力电池均衡

任务目标

知识目标

1. 了解电池均衡的定义与意义。
2. 掌握动力电池的均衡策略。

技能目标

具有进行动力电池均衡与检测操作的能力。

素养目标

1. 培养认真严谨、积极主动、安全生产、文明施工的工作态度。
2. 与小组成员、同学之间能合作交流、协调工作。
3. 严格按照工作方案操作，按计划完成工作任务。

任务框图

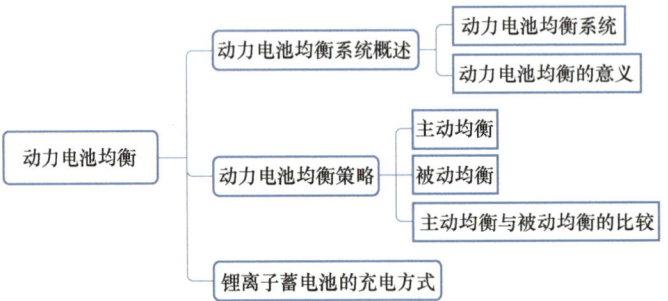

任务导入

某电动汽车在进行道路测试时，仪表显示"EV 功能受限"，无法行驶，通过诊断仪查询到蓄电池模块压差过大。你作为一名蓄电池测试助理工程师，知道怎么处理此类故障吗？

任务分组

学生任务分配表见表 2-4-1。

表 2-4-1　学生任务分配表

班　级		组　号		指导老师	
组　长		学　号			
组　员	姓名：_____ 学号：_____ 姓名：_____ 学号：_____ 姓名：_____ 学号：_____ 姓名：_____ 学号：_____		姓名：_____ 学号：_____ 姓名：_____ 学号：_____ 姓名：_____ 学号：_____ 姓名：_____ 学号：_____		
任　务　分　工					

（就组织讨论、工具准备、数据采集、数据记录、安全监督、成果展示等工作内容进行任务分工）

获取信息

 引导问题 1：请查阅相关资料，简述动力电池均衡系统的作用。
_____
_____

竞赛指南　在 2019 年中国技能大赛——全国新能源汽车关键技术技能大赛的理论知识竞赛中，汽车电动化的组卷占比约 60%，汽车电动化模块的出题范围就包括了动力电池均衡管理技术。

知识点提示

一、动力电池均衡系统概述

1. 动力电池均衡系统

单体蓄电池串并联成组后能够正常运行要依靠动力电池管理系统（BMS）对动力电池的监管与控制。BMS 能够检测动力电池的实时状态、测算动力电池的荷电状态并对动力电池的各个运行过程实施保护，以保障动力电池模块的使用安全。

BMS 中最重要的一部分就是动力电池组均衡系统，动力电池均衡系统分为均衡控制策略和均衡拓扑电路，两部分精巧配合，可以把动力电池模块中电量高于平均水平的单体蓄电池中的能量迁移到电量低于平均水平的单体蓄电池中，也可以把能量偏高单体蓄电池中的能量利用外接电路耗损一些，从而使模块内电池间的能量保持在同一水平（动力电池能量变化示意图如图 2-4-1），进而提升动力电池模块的综合性能，同样也能避免动力电池因过度充电或放电而损坏。

2. 动力电池均衡的意义

目前绝大部分的纯电动汽车使用的都是锂离子蓄电池，以目前的锂离子蓄电池制造水平和工艺水平，在锂离子蓄电池单体生产过程中，各个单体间不可避免地存在细微的差别，即一致性问题。不一致性主要表现在动力电池单体容量、内阻、自放电率、充放电效率等方面。

图 2-4-1　动力电池均衡过程中动力电池能量的变化示意图

锂离子蓄电池之间的电量不平衡，轻则造成动力电池整体储能效果下降，缩减动力电池的使用寿命；严重的会导致动力电池热失衡，增加整车运行的安全隐患。为了避免这种不平衡趋势的恶化，需要提高蓄电池模块的充电电压，对动力电池进行均衡性充电，以达到均衡蓄电池模块中各个单体蓄电池的特性，延长动力电池的使用寿命。

> 引导问题 2：请查阅相关资料，简述主动均衡的原理。
> _____
> _____

知识点提示

二、动力电池均衡策略

通过对蓄电池产生不一致性原因的分析，可以得出主动均衡和被动均衡两种策略。

1. 主动均衡

（1）定义　主动均衡又称为无损均衡，是将能量高的单体蓄电池中的能量转移到能量低的单体蓄电池，保证蓄电池模块电压的一致性。

（2）触发方式及原理

1）主动均衡的触发方式。当蓄电池模块内的单体蓄电池电压出现大于 30mV 的静态压差时，就会自动启动均衡措施，进行削峰填谷。

2）主动均衡的原理。削峰填谷就是把电压高的单体蓄电池的能量转移一部分给电压低的单体蓄电池，从而推迟最低单体蓄电池电压触及放电截止阈值和最高单体蓄电池电压触及充电终止阈值的时间，获得系统提升充入电量和放出电量的效果。削峰填谷措施的实施方案包括：电容式均衡、电感式均衡、变压器式均衡，这 3 种均衡方式包括蓄电池在充电过程中的均衡和静置过程的均衡。

主动均衡的原理：如图 2-4-2 所示，每 6 个单体蓄电池为一组，取 6 个单体蓄电池的总电量转移给容量小的单体蓄电池。电感式主动均衡以物理转换为基础，集成了电源开关和微型电感，采用双向均衡方式，通过相近或相邻的单体蓄电池间的电荷转移均衡蓄电池，并且不论蓄电池处于放电、

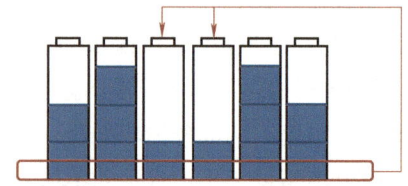

图 2-4-2　变压方式主动均衡原理

充电还是静置状态，都可以进行均衡，均衡效率高达 92%。

其充电和放电工作原理如图 2-4-3 和图 2-4-4 所示，单体蓄电池②将电量转移给单体蓄电池①、③。高效的电荷转移使得充电时 3 个单体蓄电池的电压一直保持在均衡状态下，这样所有单体蓄电池都能充满。锂电池保护板在放电时，也可均衡单体蓄电池。单体蓄电池①、③将电量转移给单体蓄电池②，3 个单体蓄电池一直在均衡状态下放电，这样所有单体蓄电池的电量都能用完。

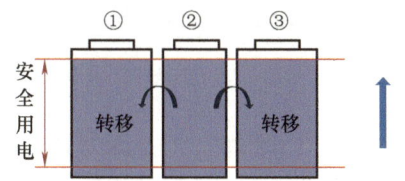

图 2-4-3　电感式主动均衡充电时的工作原理

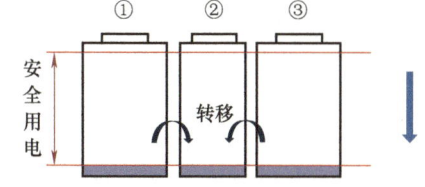

图 2-4-4　电感式主动均衡放电时的工作原理

（3）优点和缺点　主动均衡的优点是可以实时进行均衡，无论车辆是在行驶、停止或充电过程中，只要动力电池处于不均衡状态，主动均衡就会启动。主动均衡的缺点是系统结构复杂，无法完全集成进专用 IC；结构的复杂意味着电路的复杂，这必然导致成本与故障率攀升。目前市面上现有主动均衡 BMS 售价远高于被动均衡 BMS，这也限制了主动均衡 BMS 的推广。

2. 被动均衡

（1）定义　被动均衡又称为有损均衡，是将能量高的单体蓄电池中的能量通过发热的方式消耗掉，实现整个蓄电池模块的电压平衡。

（2）触发方式及原理

1）被动均衡的触发方式。当蓄电池充电至恒压充电阶段时，电压小于初始电压的 15% 后充电至 100% 且每个单体蓄电池电压高于 3V 才会触发被动均衡。

2）被动均衡的原理。被动均衡一般通过电阻放电的方式，对电压较高的单体蓄电池进行放电，以热量形式释放电量，为其他单体蓄电池争取更多充电时间。这样整个系统的电量受制于容量最少的单体蓄电池。充电过程中，蓄电池一般有一个充电上限保护电压值，当某一个单体蓄电池达到此电压值后，蓄电池保护板会切断充电回路，停止充电。如果充电时的电压超过这个数值，也就是俗称的"过充"，蓄电池就有可能燃烧或者爆炸。

被动均衡的原理：如图 2-4-5 所示，充电过程中单体蓄电池②先被充电至保护电压值，触发蓄电池保护板的保护机制，停止电池系统的充电，这样直接导致单体蓄电池①、③无法充满。整个系统的满充电量受限于单体蓄电池②，这就是系统损失。为了增加蓄电池系统的电量，蓄电池保护板会在充电时均衡电池。

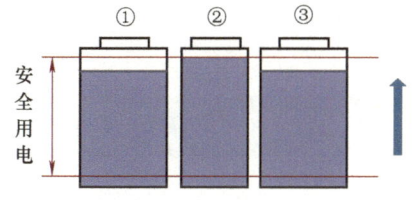

图 2-4-5　蓄电池保护造成系统损失的原因

如图 2-4-6 所示，均衡启动后，蓄电池保护板会对单体蓄电池②进行放电，延迟其达到保护电压值的时间，这样单体蓄电池①、③的充电时间相应延长，进而提升整个蓄电池系统的电量。但是，单体蓄电池②放电电量 100% 被转换成热量释放，造成了很大的浪费（单体蓄电池②的散热是系统的损失，也是电量的浪费）。

如图 2-4-7 所示，除了过充电对动力电池会有严重影响外，过放电也会造成动力电池严重损坏。同样，蓄电池保护板具备过放电保护功能。放电时，单体蓄电池②的电压到达放电保护值时，触发蓄电池保护板的保护机制，停止系统放电，直接导致单体蓄电池①、③的剩余电量无法被完全使用，均衡启动后会改善系统过放电。

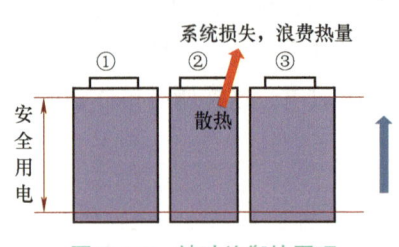

图 2-4-6　被动均衡的原理　　　　图 2-4-7　被动均衡放电时无法均衡

（3）优点和缺点　被动均衡的优点是电路架构简单、实现成本低廉。但是因为其均衡方式是通过功率电阻消耗电量实现均衡的，所以能量损耗极大，同时会产生大量的热量，而且触发方式死板，均衡效率低下。

3. 主动均衡与被动均衡的比较

由于主动均衡系统相对复杂，成本相对较高，目前市面上的主流依然是被动均衡。两者的对比见表 2-4-2。

表 2-4-2　两种均衡方式的对比

对比项	被动均衡	主动均衡
均衡方式	电阻消耗	电感等转移
均衡效率	低	高
方案成熟度	成熟	较成熟
系统复杂度	低	高
系统成本	低	高

锂离子蓄电池充电四阶段

❓ 引导问题 3：请查阅相关资料，简述锂离子蓄电池的充电方式。

_____

_____

💡 知识点提示

三、锂离子蓄电池的充电方式

使用正确的充电方式，锂离子蓄电池可充分地充足电，若充电方式不正确，轻则锂离子蓄电池充电不足，重则锂离子蓄电池容量下降、使用寿命缩短、引起过充电。

锂离子蓄电池的充电方式是限压恒流，都是由 IC 芯片控制的，典型的充电方式是：先检测待充电蓄电池的电压，如果电压低于 3V，要先进行预充电，充电电流为设定电流的 1/10，电压升到 3V 后，进入标准充电过程。

如图 2-4-8 所示，锂离子蓄电池的标准充电过程可以分为 4 个阶段：涓流充电（低压预充电）、恒流充电、恒压充电以及充电终止。

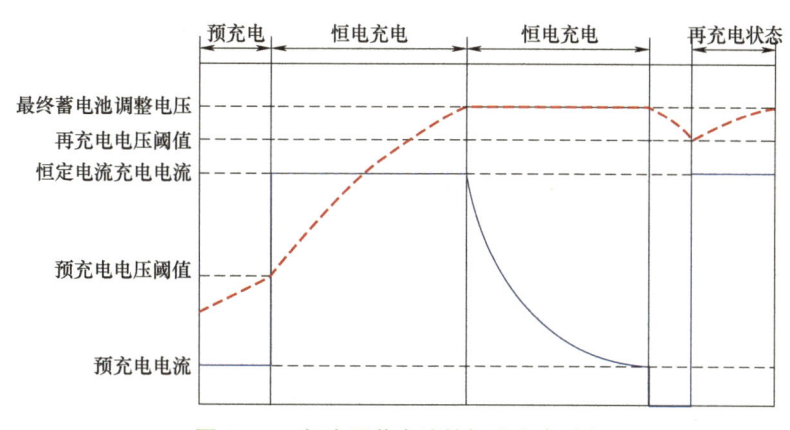

图 2-4-8　锂离子蓄电池的标准充电过程

下面以磷酸铁锂离子蓄电池为例，对锂离子蓄电池充电的方式进行介绍。

阶段 1：涓流充电

涓流充电用来对完全放电的蓄电池单元进行预充（恢复性充电）。在蓄电池电压低于 3V 时采用涓流充电，涓流充电电流是恒流充电电流的十分之一，即 0.1C（以恒定充电电流为 1A 举例，则涓流充电电流为 100mA）。

阶段 2：恒流充电

当蓄电池电压上升到涓流充电阈值以上时，提高充电电流进行恒流充电。恒流充电的电流为 0.2C~1.0C。蓄电池电压随着恒流充电过程的进行逐步升高，一般单体蓄电池设定的此电压为 3.0~3.6V。

阶段 3：恒压充电

当蓄电池电压上升到 3.6V 时，恒流充电结束，开始恒压充电。电流根据单体蓄电池的饱和程度，随着充电过程的继续充电电流由最大值慢慢减小，当减小到 0.01C 时，认为充电终止。

阶段 4：充电终止

有两种典型的充电终止方法：采用最小充电电流判断或采用定时器（或者两者的结合）。最小电流法是监视恒压充电阶段的充电电流并在充电电流减小到 0.02C 以下时终止充电。采用定时器法从恒压充电阶段开始时计时，持续充电 2h 后终止充电过程。

对完全放电的蓄电池完成上述 4 个阶段的充电约需要 2.5~3h。例如在蓄电池温度超出指定范围（通常为 0~45℃）时充电会暂停。

充电结束后，如检测到单体蓄电池电压低于 3.65V 将重新充电。

工作计划

按照所学知识和小组内部讨论的结果，制订工作计划（表 2-4-3），包括资料查阅渠道的落实、任务实施中的内容分工等。

表 2-4-3　工作计划

步骤	工作内容	负责人
1		
2		
3		
4		
5		

进行决策

1. 各组派代表阐述资料查询结果。
2. 各组就各自的查询结果进行交流并分享技巧。
3. 教师结合各组完成的情况进行点评,选出最佳方案。

任务实施

一、设备及工具准备

设备及工具准备见表 2-4-4。

表 2-4-4 设备及工具准备

序号	设备及工具名称	数量
1	比亚迪秦 EV	1辆
2	动力电池举升平台	1台
3	龙门举升机	1台
4	耐磨手套、绝缘手套	2套
5	一体化工、量具	1套
6	工位安全套装	1套
7	万用表	1台
8	直流稳压可调电源	1套

二、场地设备准备

检查实训场地和设备设施是否清洁,是否存在安全隐患,配电箱、插排是否符合用电需求。如果不正常,应汇报教师后进行处理。

三、安全防护准备

1. 禁止在车辆上电高压情况下检查与更换蓄电池模块。
2. 禁止在带电状态下触碰任何带安全警示标志的部件。
3. 禁止徒手触摸任何橙色的线束。

四、实训记录

实训记录见表 2-4-5~ 表 2-4-15。

表 2-4-5 确认蓄电池故障

序号	步骤	记录	完成情况
1	将车辆停在检修工位		已完成□ 未完成□
2	车辆上电,连接解码仪		已完成□ 未完成□

项目二　动力电池系统检修

（续）

序号	步骤	记录	完成情况
3	进入蓄电池管理系统读取数据流		已完成□ 未完成□
4	确认蓄电池问题：单体电压异常（压差过大、无电压、电压过低） 		已完成□ 未完成□
5	确认异常蓄电池数量		已完成□ 未完成□

表 2-4-6　车辆完全充电均衡（压差过大）

序号	步骤	记录	完成情况
1	将车辆的 SOC 放至 10%~20%（开空调或上路）		已完成□ 未完成□
2	使用小功率的交流充电枪或充电桩将车辆充满电		已完成□ 未完成□
3	激活车辆 BMS 被动均衡管理		已完成□ 未完成□
4	均衡过程中，读取车辆蓄电池数据流，观察压差是否变小		已完成□ 未完成□
5	视效果多次循环测试		已完成□ 未完成□

表 2-4-7　手动均衡单体蓄电池（车辆被动均衡无效果或个别单体蓄电池无电压、单体蓄电池电压过低）

序号	步骤	记录	完成情况
—	将动力电池总成拆下开包，进行手动均衡单体蓄电池		已完成□ 未完成□

表 2-4-8　高压安全作业准备

序号	步骤	记录	完成情况
1	检查人员资质要求：对电动汽车高压系统维修操作，操作人员需满足国家法规要求的机电维修工岗位要求或本人持有电工操作证		已完成☐ 未完成☐
2	确认工作场地干燥、无水渍		已完成☐ 未完成☐
3	在工作场地铺设橡胶绝缘垫		已完成☐ 未完成☐
4	工作场地设置警示牌与高压作业区域隔离		已完成☐ 未完成☐
5	配备紧急救援和灾害处理的相关设施，例如干粉灭火器和急救箱等		已完成☐ 未完成☐
6	实现监护制度：1人监护，1人操作		已完成☐ 未完成☐
7	操作人员必须穿绝缘鞋、戴绝缘手套，其电压等级必须大于操作对象的最高电压，必要时戴防护眼镜或防护面罩。所有用具在使用前，必须检查是否完好、干燥无异味，确保安全。操作人员不允许佩戴金属饰品		已完成☐ 未完成☐

表 2-4-9　高压安全下电

序号	步骤	记录	完成情况
1	将车辆停在作业工位		已完成☐ 未完成☐
2	车辆下电，将车辆钥匙存放在安全处		已完成☐ 未完成☐
3	打开前机舱，铺设前机舱翼子板垫		已完成☐ 未完成☐
4	断开辅助蓄电池负极，将负极电缆接头用绝缘胶布包好。将辅助蓄电池负极桩头用盖子盖好或用绝缘胶布包好		已完成☐ 未完成☐
5	放置车辆5~10min，对新能源汽车的高压电容器进行放电		已完成☐ 未完成☐
6	断开前机舱动力电池母线进行验电。断开动力电池母线后，需要对动力电池的母线进行验电，如果母线有残余电荷，需用放电设备进行放电，确保动力电池母线无电		已完成☐ 未完成☐
7	验电完毕，将动力电池母线插接件用盖子盖好或用绝缘胶布包好		已完成☐ 未完成☐

表 2-4-10　举升车辆

序号	步骤	记录	完成情况
1	调节举升臂位置，使举升臂上的垫块对准车辆的举升点		已完成☐ 未完成☐
2	按下举升按钮，当车辆被举起时，观察车辆是否被水平托举		已完成☐ 未完成☐

(续)

序号	步骤	记录	完成情况
3	当车辆离地面 5~10cm 时停下，检查车辆是否被平稳托举，晃动车辆是否牢固、无偏差		已完成□ 未完成□
4	确认无问题后，将车辆举升到合适高度		已完成□ 未完成□
5	拉下锁定装置		已完成□ 未完成□

表 2-4-11　动力电池外观检查

序号	步骤	记录	完成情况
—	检查动力电池总成外观		已完成□ 未完成□

表 2-4-12　拆卸动力电池附件及检测

序号	步骤	记录	完成情况
1	拆下动力电池托盘底部安装在四周的护板		已完成□ 未完成□
2	拆下动力电池低压插接件及高压插接件（操作高压部件时需佩戴绝缘手套）		已完成□ 未完成□
3	用万用表检测动力电池是否漏电。 检测方法（需戴绝缘手套）：将万用表正极分别搭在蓄电池正、负极，负极搭车身地。正常值为 10V 以下。若过大，不要拆卸，检查漏电部位的原因，排除问题后进行以下操作		已完成□ 未完成□
4	排空动力电池总成中的冷却液		已完成□ 未完成□
5	拆卸动力电池总成搭铁线或等电位线		已完成□ 未完成□
6	在动力电池正下方准备动力电池升降台，升降台需要升至动力电池的高度托举动力电池		已完成□ 未完成□

表 2-4-13　拆卸动力电池

序号	步骤	记录	完成情况
1	在动力电池正下方准备动力电池升降台，升降台需要升至动力电池的高度托举动力电池		已完成□ 未完成□
2	戴绝缘手套，使用套筒卸掉动力电池与车身的固定螺栓，将动力电池拆放至升降台		已完成□ 未完成□
3	缓慢将动力电池升降台降至合适高度后拉出车辆举升工位，将动力电池放至专用工位，设置安全警示牌及隔离栏		已完成□ 未完成□

表 2-4-14　拆卸动力电池上盖

序号	步　　骤	记　　录	完成情况
1	使用手持式电动钻，选用合适大小的钻头，沿蓄电池一周取下电池上盖固定铆钉		已完成□ 未完成□
2	使用一体化工、量具里的平面铲刀，沿蓄电池一周把密封胶铲出，使蓄电池上盖与蓄电池底板分离		已完成□ 未完成□
3	选用一体化工、量具里面的合适棘轮、接杆、套筒，打松蓄电池高、低压插接器处压板固定螺栓，取下固定压板		已完成□ 未完成□
4	将动力电池上盖取下		已完成□ 未完成□

表 2-4-15　进行手动充电均衡

序号	步　　骤	记　　录	完成情况
1	确认异常蓄电池的位置及数量 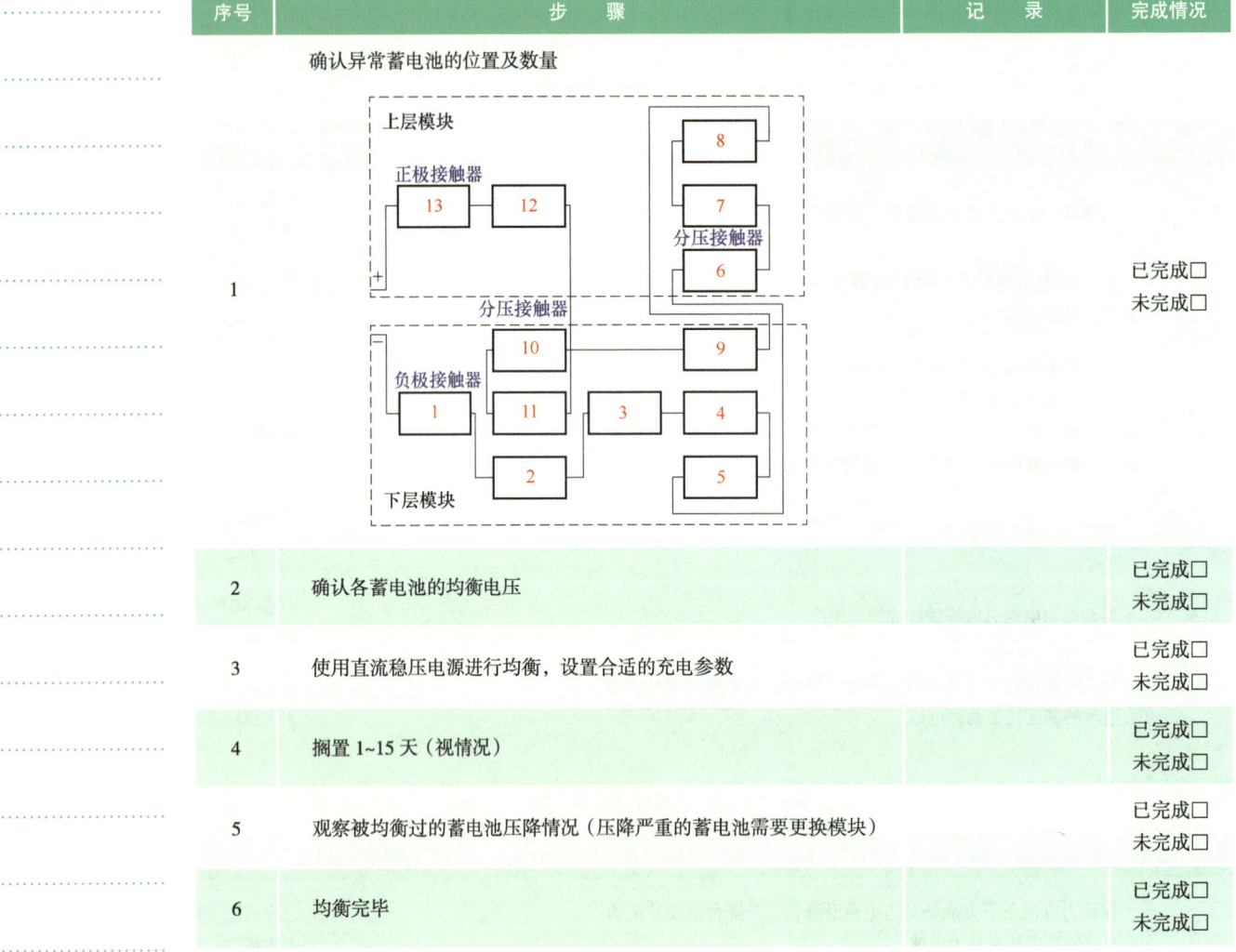		已完成□ 未完成□
2	确认各蓄电池的均衡电压		已完成□ 未完成□
3	使用直流稳压电源进行均衡，设置合适的充电参数		已完成□ 未完成□
4	搁置 1~15 天（视情况）		已完成□ 未完成□
5	观察被均衡过的蓄电池压降情况（压降严重的蓄电池需要更换模块）		已完成□ 未完成□
6	均衡完毕		已完成□ 未完成□

评价反馈

1. 各组代表展示汇报 PPT，介绍任务的完成过程。
2. 以小组为单位，对各组的操作过程与操作结果进行自评和互评，将结果填入表 2-4-16 中。

表 2-4-16　学生评价表

姓名						学号			班级			组别		
实训任务														
评价项目	分值	等级				评价对象（组别）								
		A	B	C	D	1	2	3	4	5	6	7	8	
方案合理	20	20	15	10	5									
团队合作	20	20	15	10	5									
工作质量	20	20	15	10	5									
工作规范	20	20	15	10	5									
汇报展示	20	20	15	10	5									
合计	100					各组得分								
总结与反思														

（如：学习过程中遇到的问题→如何解决的/解决不了的原因→心得体会）

3. 教师对学生工作过程与工作结果进行评价，将评价结果填入表 2-4-17 中。

表 2-4-17　教师对学生评价表

姓名			学号		班级	组别		
实训任务								
评价项目				评价标准			分值	得分
工作过程（60%）	考勤（10%）			无无故迟到、早退、旷课现象			10	
	知识目标	获取信息		掌握工作相关知识			10	
		进行决策		制订工作方案，方案合理可行			10	
	技能目标	任务实施		了解蓄电池均衡的定义与意义			5	
				掌握动力电池的均衡策略			5	
				能够安全、有序地完成动力电池的均衡与检测操作			10	
	素养目标	工作态度		认真严谨、积极主动、安全生产、文明施工			5	
		团队合作		与小组成员、同学之间能合作交流、协调工作			5	
项目成果（30%）		工作质量		严格按照工作方案操作，按计划完成工作任务			10	
		工作完整		能按时完成工作任务的所有环节			10	
		工作规范		能在整个操作过程中规范操作，避免意外事故发生			10	
		汇报展示		能准确表达、汇报工作成果			10	
合计							100	
综合评价		学生评价（50%）		教师评价（50%）		综合得分		
综合评语		（作业过程中存在的问题及改进建议）						

情智课堂

磷酸铁锂离子蓄电池：弯道超车，踏上发展快车道

与传统汽车不同，纯电动汽车最核心的技术在于"三电"，即蓄电池、电机和电控。其中，蓄电池可谓是纯电动汽车的"心脏"，在整车制造成本中占比超过40%。在全球新能源汽车爆发式增长的当下，业内人士直称"得电池者得天下"。

2022年的第一季度，全球动力电池装车量前10名的企业，其总市场占有率高达91.8%，其中6家中国企业合计市场占有率为55.7%。由于中国竞争对手的强劲增长，韩国主要电池制造商LG新能源、SK On、三星SDI第一季度的市场份额同比下降6.9%。

回顾2010年，当时即使是我国动力电池技术最为成熟的公司，其成品率只有60%，而日韩动力电池企业的成品率早已达到90%以上。该时期，韩国LG化学一口气拿下了上汽、一汽以及长安的订单，这三家企业的销量占了当年国内销量的60%。不仅生产效率上相差悬殊，相比国内主流的磷酸铁锂离子蓄电池，日韩主推的三元锂离子蓄电池路线，能量密度优势明显，而中国在这方面的技术积累几乎为零。此时，松下、LG化学、三星SDI等日韩蓄电池厂商在各方面都碾压中国企业。

但我国企业从未放弃，以比亚迪为例，比亚迪自2005年开始涉足汽车界。那时日韩企业已经掌握了锰酸锂和三元锂的核心技术。尤其是三元锂，无论是技术、工艺还是设备，日韩行业龙头都已达到非常成熟、稳定的阶段。特斯拉、宝马这些国际巨头在开发新能源汽车的时候也会选择日本松下、韩国三星这些蓄电池厂商巨头的产品。正因如此，比亚迪选择了错开赛道，研究磷酸铁锂离子蓄电池。

2006年，比亚迪的第一款搭载磷酸铁锂离子蓄电池的F3e电动汽车（图2-4-9）研发成功。F3e电动汽车的电动机、减速器、蓄电池组件以及控制系统全部由比亚迪自行研发自行生产，其续驶能力达到300km。随着进一步的投入研究，2008年，比亚迪推出了全球首款量产的插电式混合动力车型。

自2009年开始，乘着新能源汽车市场逐渐放量的东风，磷酸铁锂离子蓄电池一枝独秀，一时风光无二。

图2-4-9　比亚迪F3e电动汽车

2009年，科技部、财政部、发改委、工业和信息化部联合启动了"十城千辆节能与新能源汽车示范推广应用工程"，标志着新能源汽车产业正式上升为国家战略。由于比亚迪等国内企业在磷酸铁锂离子蓄电池方面的储备和应用，磷酸铁锂离子蓄电池便成为新能源汽车发展最主要的技术路线。

随着补贴政策标准的更新以及消费者对于新能源汽车续驶里程要求的逐渐提高，这一风向在2012年开始发生变化。2012年6月，《节能与新能源汽车产业发展规划（2012—2020年）》发布，该规划提出，到2015年，动力电池模块比能量达到150 Wh/kg以上；到2020年，动力电池模块比能量达到300 Wh/kg以上。在当时的技术水平下，磷酸铁锂离子蓄电池达不到上述要求，新能源汽车企业为追求高额补贴，开始逐步放弃磷酸铁锂离子蓄电池，转向三元锂离子蓄电池。

三元锂离子蓄电池虽然能量密度较高、动力特性好，但安全性稍差。2016年1月24日，工信部暂停将三元锂离子蓄电池客车列入新能源汽车推广应用推荐车型目录。对此，中科院物理研究所研究员黄学杰表示，总结以往发生事故的经验可以发现，镍钴铝三元材料18650蓄电池在180℃以上会出现自加热，而磷酸铁锂材料250℃以上才会出现放热现象。因此，仅从锂离子蓄电池的正极材料特性而言，三元锂材料比磷酸铁锂材料更容易着火或发生意外事故。

2020年3月29日，比亚迪正式发布刀片电池，刀片电池的体积利用率更高，能容纳更多的单体蓄电池，体积能量密度提升，续驶里程也随之得到很大提升，已经达到了与三元锂离子蓄电池同等能量水平，同时保留了磷酸铁锂离子蓄电池耐高温的优势，具有很高的安全性。在刀片电池的发布会上，比亚迪展示了一个实验，模拟蓄电池最极端的滥用情况——将刀片电池和三元锂离子蓄电池充满电，然后一针扎下去，结果显示刀片电池温度才60℃，而三元锂离子蓄电池起火、燃烧、爆炸。3种动力电池针刺对照测试结果如图2-4-10所示。

"比亚迪刀片电池以一己之力将磷酸铁锂从边缘化拉回来了。"比亚迪股份有限公司董事长兼总裁王传福说。虽然比亚迪的部分主打车型也曾装配三元锂离子蓄电池，但这家以电池起家的车企最终通过改变磷酸铁锂离子蓄电池的物理形态，让这条看似"传统"的技术路线获得重生，实现了长续驶里程、高稳定性、高安全性，装备比亚迪全系车型。

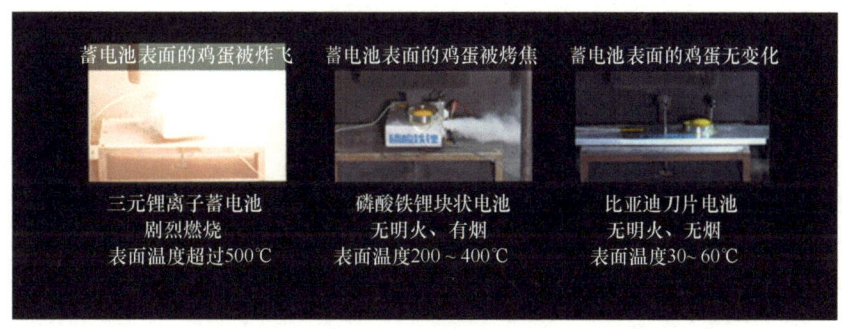

图2-4-10　3种动力电池针刺对照测试结果

2020年7月，比亚迪汉的一款车型上市，搭载刀片电池，单月销量达到万辆，这也是25万价位段的自主品牌汽车首次做到月销上万辆。自刀片电池发布以后，中国的蓄电池方向已经彻底转变。按照最新数据，中国电动汽车装载磷酸铁锂离子蓄电池的比例，从近乎零上升到50%，并且还在上升。

历时十余年，比亚迪带领磷酸铁锂离子蓄电池实现了弯道超车，进而打破了技术垄断。但磷酸铁锂离子蓄电池的重要性不止于"安全"与"打破技术垄断"，三元离子蓄电池用了很多金属钴和金属镍，而在中国，钴几乎是没有的，镍也很少，磷酸铁锂技术路线的成功，让中国不必依赖稀有金属，避免了被"卡脖子"的可能。

时至今日，不仅是动力电池产业，大量"汽车之外"的技术（如新一代信息技术、人工智能、5G、物联网等）应用于新能源汽车，新能源汽车产业已成为我国牵引其他产业加速创新的重要力量。

项目三 BMS检修

任务一　BMS认知

任务目标

知识目标
1. 掌握动力电池 BMS 的工作原理和主要功能。
2. 掌握 BMS 的分类。

技能目标
具有辨识 BMS 主要部件的能力。

素养目标
1. 培养认真严谨、积极主动、安全生产、文明施工的工作态度。
2. 与小组成员、同学之间能合作交流、协调工作。
3. 严格按照工作方案操作，按计划完成工作任务。

任务框图

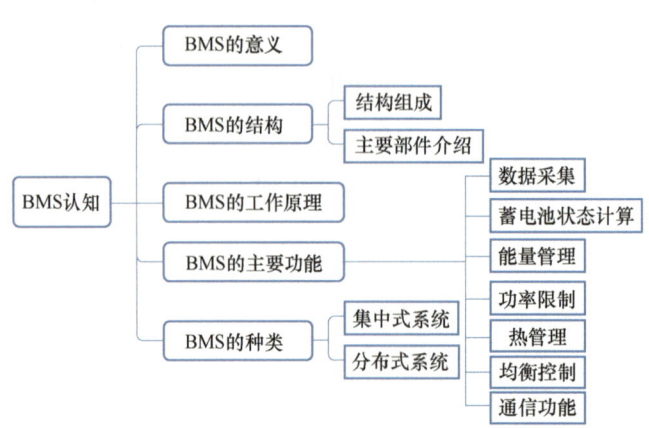

项目三 BMS检修

📂 任务导入

某车企计划研发一款紧凑型纯电动轿车，要求其在 NEDC 工况下续驶里程达到 400km。作为一名助理工程师，主管要求你为该车匹配合理的蓄电池管理系统（BMS），你应该如何完成该任务呢？

👥 任务分组

学生任务分配表见表 3-1-1。

表 3-1-1 学生任务分配表

班　级		组　号		指导老师	
组　长		学　号			
组　员	姓名：_____ 姓名：_____ 姓名：_____ 姓名：_____	学号：_____ 学号：_____ 学号：_____ 学号：_____	姓名：_____ 姓名：_____ 姓名：_____ 姓名：_____	学号：_____ 学号：_____ 学号：_____ 学号：_____	
任　务　分　工					
（就组织讨论、工具准备、数据采集、数据记录、安全监督、成果展示等工作内容进行任务分工）					

🌐 获取信息

❓ **引导问题 1**：请查阅相关资料，简述性能较差的 BMS 会导致哪些问题。
_____
_____

💡 知识点提示

一、BMS的意义

蓄电池管理系统（BMS）是连接动力电池与整车控制器的纽带，BMS 的出现是为了解决蓄电池系统的安全性、可用性、易用性、使用寿命等关键问题，其主要作用是提高蓄电池的利用率，防止蓄电池出现过度充电和过度放电，延长蓄电池的使用寿命，监控蓄电池的状态。

当电动汽车搭载性能较差的 BMS 时，会对动力电池剩余电量的估计产生较大误差，驾驶人无法预测汽车还能行驶多少里程。不仅如此，在实际使用中，不同蓄电池储存的能量是有差异的，如果 BMS 性能较差，就容易出现蓄电池过放电或过充电这两种极度危险的状态，进而影响电动汽车的安全性。

优秀的 BMS 不仅对蓄电池的电压、电流、温度等监测的更为准确，还能准确地估算出蓄电池的 SOC 和 SOH，对蓄电池进行均衡以避免蓄电池过放电或过充电，同时提高能量的利用率，保证蓄电池安全、可靠地进行工作。

> **引导问题 2**：请查阅相关资料，简述蓄电池管理系统的硬件结构组成。
> _____
> _____

职业认证　在交通运输部职业资格中心 2022 年 7 月发布的《新能源汽车检测维修专业能力评价标准》中，要求相应从业人员了解新能源汽车的蓄电池管理系统的结构与工作原理，通过新能源汽车检测维修专业能力评价考试可获得由交通运输部职业资格中心颁发的"交通运输专业能力评价合格证书"。

知识点提示

二、BMS的结构

1. 结构组成

BMS 包含硬件和软件两部分，硬件由一个或多个电子控制器组成，包含蓄电池管理器、绝缘模块、蓄电池信息采集器、接触器、霍尔传感器/分流器、熔断器、手动维修开关（MSD）预充电阻等电子元件。

BMS 的软件分别对主控模块和测量模块的各功能单元编写软件程序，而后连接起来构成整个系统程序，如图 3-1-1 所示。

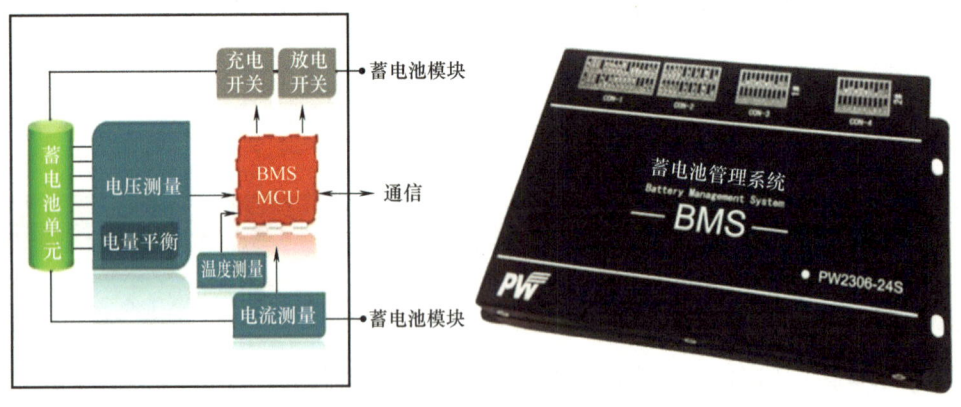

图 3-1-1　BMS

2. 主要部件介绍

（1）蓄电池管理器（BMC）　蓄电池管理器是一个连接外部通信和内部通信的平台，如图 3-1-2 所示。

它的主要功能有：

1)实时接收蓄电池信息采集器采集的单体蓄电池电压、温度、均衡等信息。
2)接收绝缘模块反馈的高压系统绝缘状态和电流情况。
3)BMS 与网关控制器与整车进行通信。
4)BMS 与直流充电桩进行通信。
5)BMC 控制接触器吸合或断开、控制充 / 放电电流和蓄电池热管理控制情况。
6)唤醒 BMS 的应答。
7)对蓄电池模块进行 SOC 和 SOH 的估算。

(2)充配电总成 充配电总成由车载充电器(OBC)、电源转换器(DC/DC)以及高压配电箱(PDU)组成。其中,高压配电箱主要为电源转换器(DC/DC)、电动压缩机以及 PTC 分配高压电源。配电箱内安装有直流充电正极、负极接触器、接触器烧结检测模块及漏电检测模块,如图 3-1-3 所示。

图 3-1-2 蓄电池管理器

漏电检测模块主要监控动力电池高压母线正极端或负极端与车身地之间的绝缘电阻值。若漏电检测模块检测到高压部件的绝缘电阻值低于 500Ω 时,绝缘检测模块通过动力 CAN 向 BMC 发送一个绝缘故障,BMC 做出限功率或断开接触器的控制策略,保障车辆安全、平稳运行。

(3)蓄电池信息采集器 蓄电池信息采集器如图 3-1-4 所示。

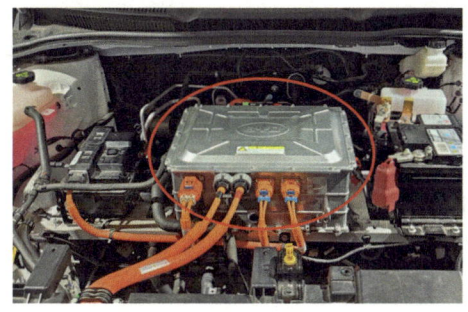

图 3-1-3 充配电总成

图 3-1-4 蓄电池信息采集器

其主要作用是蓄电池电压采样、温度采样、蓄电池均衡、采样线异常检测等,然后将采集到的数据通过蓄电池子网反馈给蓄电池管理器。

蓄电池电压采样:蓄电池单体通过串联的方式依次叠加,采样芯片的采样通道按照次第的顺序往上叠加。对于单体蓄电池采样通道上的滤波电路,基本上目前所有的采样芯片都是 100Ω 的串阻,然后加上一个滤波电容,通过经典的 RC 滤波电路来实现。

目前市面上绝大多数方块电池,蓄电池的采样线先是从芯片的极柱通过柔性电路板(软排铜线)FPC 连接到蓄电池模块的插接件,然后线束通过这个插接件连接到 BMC。

实际上从蓄电池连接到 AFE 采样芯片是经过了两段线束,一段就是 FPC 上的走线(图 3-1-5),另外一段就是蓄电池采集器连接到 BMC 的通信线束。

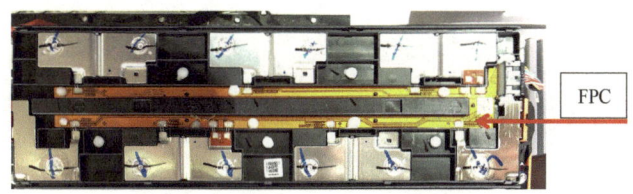

图 3-1-5 蓄电池 FPC 采样电压、温度

蓄电池电压采样示意图如图 3-1-6 所示。

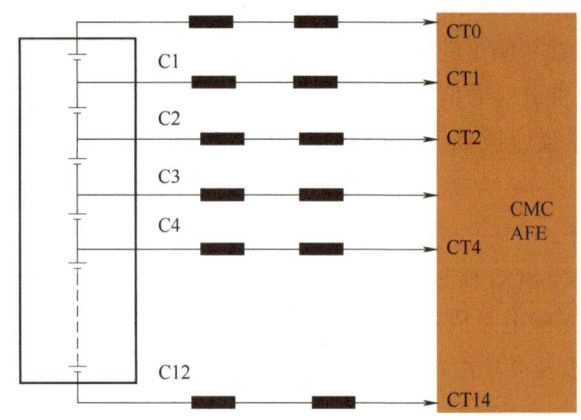

图 3-1-6　蓄电池电压采样示意图

（4）霍尔传感器　霍尔传感器最初在日系混合动力汽车上使用较多，现在慢慢由智能的分流器完成电压和电流的采样，通过串行总线传输，甚至可以在里面实现蓄电池荷电状态（SOC）的估算。霍尔电流传感器套在高压母线上，如图 3-1-7 所示。霍尔传感器在参数测量过程中能实现主电路回路和单片机系统的隔离，安全性更高。

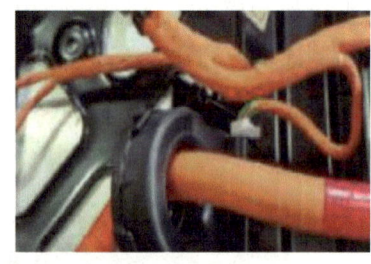

图 3-1-7　高压母线上嵌套霍尔电流传感器

蓄电池管理系统告警参数设置

❓ 引导问题 3：请查阅相关资料，简述 BMS 会采集哪些数据。
_____
_____

💡 知识点提示

三、BMS 的工作原理

蓄电池模块位于密封、屏蔽的蓄电池箱内部，通过可靠的高、低压插接件与整车的用电设备和控制系统进行连接。蓄电池系统内的 BIC 可实时采集各单体蓄电池的电压值、各温度传感器的温度值、蓄电池系统的总电压值和总电流值、蓄电池系统的绝缘电阻值等数据，并根据 BMC 中设定的阈值来判定蓄电池工作是否正常，对故障实时监控。此外蓄电池系统还通过 BMC 使用 CAN 总线在网关控制器与整车进行通信，进行充、放电等综合管理。BMS 的工作原理如图 3-1-8 所示。

❓ 引导问题 4：请查阅相关资料，简述 BMS 的主要功能。
_____
_____

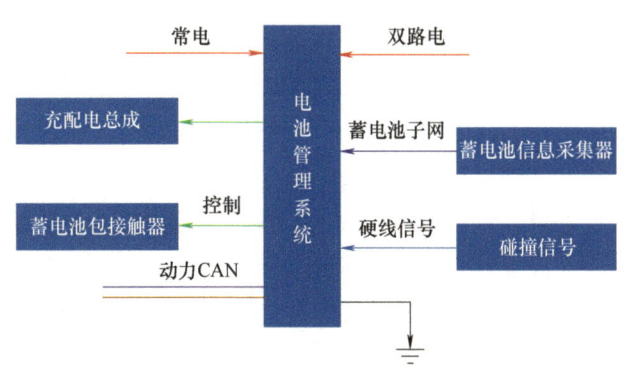

图 3-1-8　BMS 的工作原理

知识点提示

四、BMS的主要功能

BMS 的主要功能有充 / 放电管理、接触器控制、功率控制、蓄电池热管理系统、蓄电池异常状态报警和保护、SOC/SOH 计算、自检以及通信功能，如图 3-1-9 所示。

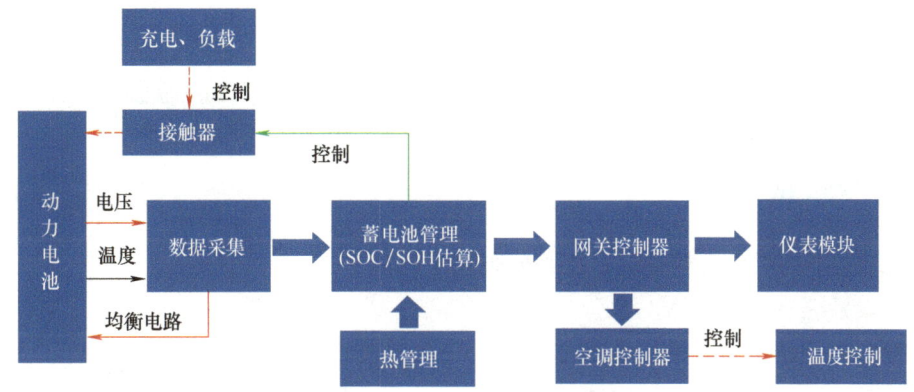

图 3-1-9　蓄电池管理系统功能示意

1. 数据采集

蓄电池管理系统的所有算法都是以采集的动力电池数据作为输入，采样速率、精度和前置滤波特性是影响蓄电池系统性能的重要指标，电动汽车 BMS 的速率一般要求大于 200Hz（10ms）。

2. 蓄电池状态计算

蓄电池状态计算包括蓄电池模块荷电状态（SOC）和健康状态（SOH）两方面。SOC 用来提示蓄电池模块剩余电量，是计算和估计电动汽车续驶里程的基础。SOH 用来提示蓄电池技术状态、预计可用寿命等健康状态的参数。

3. 能量管理

能量管理主要包括以电流、电压、温度、SOC 和 SOH 为输入控制充电过程，以 SOC、SOH 和温度等参数为条件进行放电控制和功率控制两个部分。

4. 功率限制

功率限制包括监视动力电池的电压、电流和温度是否超过正常范围，防止蓄电池模块过充电、过放电。

5. 热管理

热管理指将动力电池温度控制在合理的范围内，保证蓄电池模块最佳的工作性能和延长蓄电池的使用寿命。热管理包括在蓄电池工作温度超高时进行冷却，低于适宜工作温度下限时进行蓄电池加热，使蓄电池处于适宜的工作温度范围内，并在蓄电池工作过程中保持单体蓄电池间的温度均衡。对于大功率充、放电和高温条件下使用的蓄电池，其热管理尤为必要。

6. 均衡控制

由于蓄电池的一致性差异导致蓄电池模块的工作状态是由最差单体蓄电池决定的，在蓄电池模块各个单体蓄电池之间设置均衡电路，实施均衡控制是为了使各单体蓄电池充、放电的工作情况下尽量一致，提高整个蓄电池模块的工作性能。

7. 通信功能

通过 BMS 实现蓄电池参数和信息与车载设备或非车载设备的通信，为充放电控制、整车控制提供数据依据是 BMS 的重要功能之一。根据应用需要，数据交换可采用不同的通信接口，如模拟信号、PWM 信号、CAN 总线或 I2C 串行接口。

> 引导问题 5：请查阅相关资料，简述 BMS 的类型及两种类型的优点和缺点。

知识点提示

五、BMS 的种类

BMS 按结构不同可分为集中式系统和分布式系统。

1. 集中式系统

集中式 BMS 在单体蓄电池成组过程中，主控板与蓄电池的检测板安装在同一个地方，内部用导线连接成为一个整体，这最大限度减少了硬件的数量，但增加了蓄电池模块中的导线的数量。图 3-1-10 所示为集中式 BMS 的结构示意图。

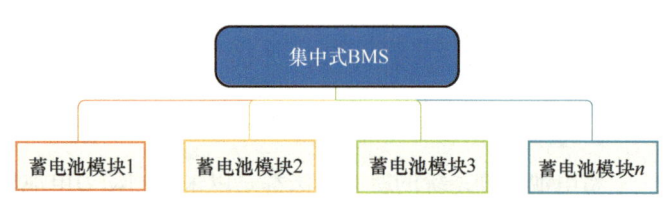

图 3-1-10　集中式 BMS 的结构示意图

（1）**优点**　集中式系统的优点是材料的成本低，可在 BMS 之间无限制地通信，安全管理便利，简化了对不同蓄电池参数的调整与改写，对参数的测量速度快、可靠性高，可以灵活计算，根据不同的情况在中央处理器内修改软件，满足不同要求。

（2）**缺点**　集中式系统的缺点是需要解决串联蓄电池的电桩测量中共地、隔离、测量精度等问题技术难度大。对蓄电池模块进行信号采集，而不能检测到每个单体蓄电池，精度差、对信号处理要求高。BMS 线束比较多，不利于车辆轻量化发展。当蓄电池出现故障时只能替换整个蓄电池模块。适用于仅由一个蓄电池模块组成的车用动力电源系统。

2. 分布式系统

分布式 BMS 有一个主控制器位于中央位置，还有多路分开的电路板监控检测单体蓄电池的情况。可以减少电线的使用，但增加硬件成本，一个 PCB 采集器最大可采集 12~16 单体蓄电池，但对蓄电池系统有更好的管控，因此被广泛运用。图 3-1-11 所示为分布式 BMS 的结构示意图。

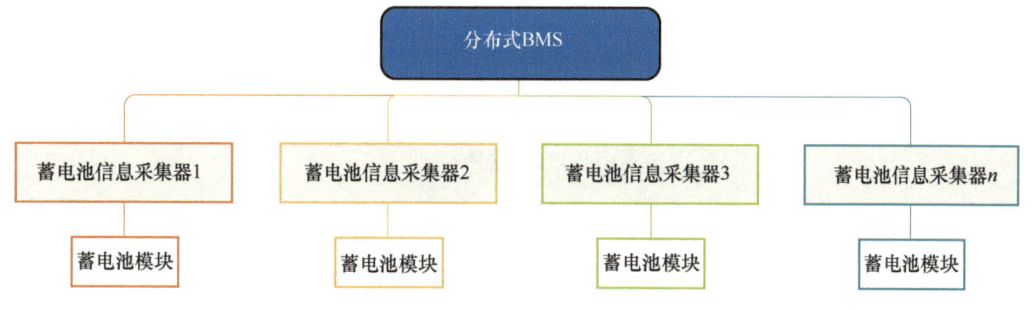

图 3-1-11　分布式 BMS 的结构示意图

（1）优点　分布式系统结构的优点是减少了布线，便于电源系统的扩展，可以分散安装，通过总线进行连接与信息通信，采集的数据可以就近处理、精度高，使得有可能更好地计算蓄电池的状态，利于建立标准化的电源管理系统。

（2）缺点　分布式系统的缺点是软、硬件成本比较高，需要标定采集器地址，采集器灵活性比较差，数据由串行总线传输，系统巡回检测的速度受限制，数据的实时性不高。

工作计划

按照所学知识和小组内部讨论的结果，制订工作计划（表 3-1-2），包括资料查阅渠道的落实、任务实施中的内容分工等。

表 3-1-2　工作计划

步骤	工作内容	负责人
1		
2		
3		
4		
5		

进行决策

1. 各组派代表阐述资料查询结果。
2. 各组就各自的查询结果进行交流并分享技巧。
3. 教师结合各组完成的情况进行点评，选出最佳方案。

任务实施

一、设备及工具准备

设备及工具准备见表 3-1-3。

表 3-1-3　设备及工具准备

序号	设备及工具名称	数量
1	比亚迪秦 EV	1 辆
2	道通解码仪	1 台
3	龙门举升机	1 台
4	一体化工、量具	1 套

二、场地设备准备

检查实训场地和设备设施是否清洁，是否存在安全隐患，配电箱、插排是否符合用电需求。如果不正常，应汇报教师后进行处理。

三、安全防护准备

1. 禁止在车辆上电高压情况下检查与更换蓄电池模块。
2. 禁止在带电状态下触碰任何带安全警示标志的部件。
3. 禁止徒手触摸任何橙色的线束。

四、实训记录

实训记录见表 3-1-4。

表 3-1-4　分布式 BMS 认知（以比亚迪秦 EV 为例）

序号	步骤	记录	完成情况
1	以比亚迪 400kM 款秦 EV 为例，进行分布式 BMS 结构认识并记录		已完成□　未完成□
2	蓄电池管理器（BMC）控制器位于前机舱蓄电池下方		已完成□　未完成□
3	蓄电池信息采集器（BIC）位于动力电池内部		已完成□　未完成□
4	通信转化模块位于动力电池内部		已完成□　未完成□
5	认知蓄电池信息采集器（BIC）采样方式及布局		已完成□　未完成□
6	认知动力电池无输出或输出异常故障并进行原因分析		已完成□　未完成□
7	认知采样故障并进行原因分析		已完成□　未完成□
8	认知 SOC 跳变故障并进行原因分析		已完成□　未完成□
9	认知续驶里程短故障并进行原因分析		已完成□　未完成□

(续)

序号	步骤	记录	完成情况
10	认知高压互锁故障并进行原因分析		已完成□ 未完成□
11	认知无法充电故障并进行原因分析		已完成□ 未完成□
12	认知预充失败故障		已完成□ 未完成□
13	认知严重漏电故障		已完成□ 未完成□
14	认知主接触器烧结故障		已完成□ 未完成□

评价反馈

1. 各组代表展示汇报 PPT，介绍任务的完成过程。
2. 以小组为单位，对各组的操作过程与操作结果进行自评和互评，将结果填入表 3-1-5 中。

表 3-1-5　学生评价表

姓名		学号				班级			组别			
实训任务												
评价项目	分值	等级				评价对象（组别）						
		A	B	C	D	1	2	3	4	5	6	7	8
方案合理	20	20	15	10	5								
团队合作	20	20	15	10	5								
工作质量	20	20	15	10	5								
工作规范	20	20	15	10	5								
汇报展示	20	20	15	10	5								
合计	100	各组得分											
总结与反思													
（如：学习过程中遇到的问题→如何解决的/解决不了的原因→心得体会）													

3. 教师对学生工作过程与工作结果进行评价，将评价结果填入表 3-1-6 中。

表 3-1-6　教师对学生评价表

姓名			学号		班级		组别	
	实训任务							
	评价项目			评价标准			分值	得分
	考勤（10%）			无无故迟到、早退、旷课现象			10	
工作过程（60%）	知识目标	获取信息		掌握工作相关知识			10	
		进行决策		制订工作方案，方案合理可行			10	

(续)

评价项目			评价标准	分值	得分
工作过程（60%）	技能目标	任务实施	能正确认知分布式 BMS 的结构	5	
			熟悉比亚迪秦 EV 车型 BMS 主要组成部分的位置和结构	5	
			能够正确分析常见故障	10	
	素养目标	工作态度	认真严谨、积极主动、安全生产、文明施工	5	
		团队合作	与小组成员、同学之间能合作交流、协调工作	5	
		工作质量	严格按照工作方案操作，按计划完成工作任务	10	
项目成果（30%）		工作完整	能按时完成工作任务的所有环节	10	
		工作规范	能在整个操作过程中规范操作，避免意外事故发生	10	
		汇报展示	能准确表达、汇报工作成果	10	
合计				100	
综合评价	学生评价（50%）		教师评价（50%）	综合得分	
综合评语	（作业过程中存在的问题及改进建议）				

任务二　BMS数据采集与分析

任务目标

知识目标

1. 掌握 BMS 的故障级别及相应故障码。
2. 掌握 BMS 的通信方式。
3. 掌握 BMS 的拓扑结构。

技能目标

具有根据故障现象及故障码、数据流分析得出可能的故障原因并进行解决的能力。

素养目标

1. 培养认真严谨、积极主动、安全生产、文明施工的工作态度。
2. 与小组成员、同学之间能合作交流、协调工作。
3. 严格按照工作方案操作，按计划完成工作任务。

任务框图

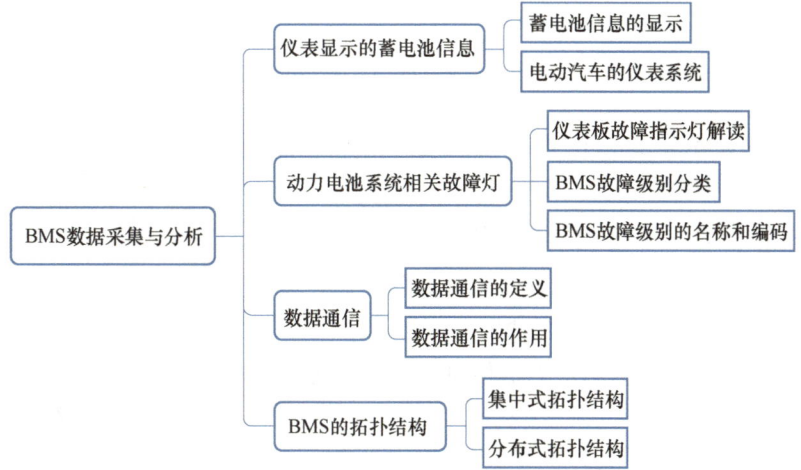

任务导入

一辆送检的比亚迪秦 EV 出现 OK 灯不亮、蓄电池故障指示灯常亮、SOC 为 0 的故障。你作为蓄电池测试助理工程师，知道如何处理这个故障吗？

任务分组

学生任务分配表见表 3-2-1。

表 3-2-1 学生任务分配表

班级		组号		指导老师	
组长		学号			
组员	姓名：_____	学号：_____	姓名：_____	学号：_____	
	姓名：_____	学号：_____	姓名：_____	学号：_____	
	姓名：_____	学号：_____	姓名：_____	学号：_____	
	姓名：_____	学号：_____	姓名：_____	学号：_____	
任务分工					

（就组织讨论、工具准备、数据采集、数据记录、安全监督、成果展示等工作内容进行任务分工）

获取信息

引导问题 1：请查阅相关资料，简述 CAN 总线组合仪表会显示哪些信息。

_____

_____

知识点提示

一、仪表显示的蓄电池信息

1. 蓄电池信息的显示

蓄电池信息的显示是 BMS 的重要功能之一。BMS 通过仪表把蓄电池当前的状态告知驾驶人。图 3-2-1 所示是一种老式的蓄电池信息显示仪表。该仪表只能大体地显示蓄电池的剩余电量，不能精确显示蓄电池的温度信息，蓄电池组的总电压和电流信息，预估剩余里程信息等。

电动汽车仪表上所要显示的蓄电池信息大致可以分为以下 3 类。

图 3-2-1 老式的蓄电池信息显示仪表

（1）正常行车状态下需要显示的信息　在电动汽车行车过程中，需要为驾驶人提供的信息主要包括：蓄电池温度信息、蓄电池组的总电压和电流信息、剩余电量信息、预估剩余里程信息等。这些信息的刷新率不需要太高，如电压和电流信息每秒刷新 1 次，剩余电量信息每 10s 刷新 1 次，对于驾驶人而言完全足够了。这样并不会对 BMS 的 BCU 造成太大的负担。

（2）正常的驻车充电信息　在电动汽车停车并插上充电插头以后，将开始对动力电池进行充电。此时，需要通过仪表向驾驶人传达相关的充电信息，如蓄电池组总电压与温度信息、充电电流大小的信息、剩余电量信息、预计充电结束时间信息等。对于比较高级的 BMS，还会显示充电模式信息，如快充模式、慢充模式，是否加入均衡控制等信息。以上信息的显示，同样对刷新周期要求不高，刷新周期在 1~10s 都是可以接受的。

（3）危险警告信息　无论在行车过程中还是在驻车充电过程中，若 BMS 监测到异常情况，都应该通过仪表向驾驶人及时报告。这些警告信息包括过电压警告、过电流警告、过温警告、剩余电量不足警告等，还包括一些故障失效信息，例如通信网络失效、自检失效等。此时不仅需要通过显示的方式警告，可能还需要结合声音警告等手段。

2. 电动汽车的仪表系统

电动汽车仪表系统在显示内容方面不同于传统燃油汽车，例如纯电动汽车没有燃油箱和发动机，由蓄电池组和电机分别提供能源和动力，驾驶人不需要了解油量和发动机信息，取而代之的是蓄电池组的工作情况（主要包括蓄电池组的剩余容量及当前工作状态）和电机信息。因此，电动汽车仪表板需要在保留传统汽车仪表板显示信息的基础上，增加蓄电池与电机工作状态等信息。《电动汽车用仪表》（GB/T 19836—2019）明确规定，电动汽车用仪表系统显示信息的类别应包括：蓄电池荷电状态、充电状态、故障警告、可行驶模式、可行驶里程、车辆瞬时功率、车载储能装置剩余能量等。

图 3-2-2a 所示为传统的汽车仪表。对于电动汽车而言，"油量表"已经没有意义了，而发动机转速与冷却液温度表的重要性也没有传统汽车中的明显。

因此，可以把这 3 个表分别用于显示蓄电池的剩余电量（SOC）、工作电流、工作电压等，如图 3-2-2b 所示。仪表中部的车速表以及里程表对于电动汽车和传统汽车的意义是一致的。

把传统仪表改造为电动汽车仪表的好处是，风格与传统汽车一致，符合人们的使用习惯，而且改动的工作量小，不需要重新对仪表进行设计。

a) 传统的汽车仪表

b) 改造后的电动汽车仪表

图 3-2-2　汽车仪表改造

 引导问题 2：请查阅相关资料，简述 BMS 故障的级别分类。

_____
_____

BMS 供电
故障检修

知识点提示

二、动力电池系统相关故障灯

目前的汽车一般装有微处理器控制单元，微处理器控制单元具有故障自诊断系统，可以用微处理器控制单元来对汽车传动系统、控制系统各部分工作状态进行自动检查和监测。当汽车出现故障时，装在仪表板上的故障指示灯就会闪亮以警告驾驶人汽车可能出故障了，按一下按钮，故障码就在仪表板上显示出来。

汽车起动后或行驶中，ECU 会定时对传感器发来的数据进行检查，如果发现异常，ECU 就使电动汽车仪表盘上相应的故障灯点亮。通过故障灯亮的方式来提醒驾驶人及时对汽车进行维修处理，以免故障恶化。故障灯对于专业的维修技师来说，可以作为对故障进行初步判断的依据。

1. 仪表板故障指示灯解读

BMS 出现故障时，仪表板上故障指示灯会亮，相关的指示灯含义见表 3-2-2。

表 3-2-2　仪表板动力电池和充电系统故障指示灯

图　片	颜　色	故障显示表现	故障消失表现
	黄色	动力电池充电提醒（电量不足报警）	点火，当动力电池电量低于 30% 时，动力电池充电提醒灯亮；当动力电池电量高于 35% 时，动力电池充电提醒灯熄灭
	红色	动力电池故障	起动状态下，动力电池故障
	红色	动力电池切断	起动状态下，动力电池切断
	红色	充电线连接	充电线连接（充电口盖开启）
	红色	动力电池绝缘电阻值小	起动状态下，动力电池绝缘电阻值小

关于动力电池故障，在仪表上只显示动力电池故障、动力电池绝缘故障及动力电池系统断开3种故障信息。

(1) 动力系统故障灯　动力系统故障灯闪烁时，大部分情况下汽车能动，少部分情况下因为挂不上前进档或者挂上前进档但汽车不能行驶。导致动力系统故障灯亮的原因是动力系统故障，例如单体蓄电池故障、电机控制器故障、电机故障等，进一步确定故障点，需要使用与这款电动汽车配套的诊断仪进行诊断，找到报这个故障的模块，读取数据流确定故障原因即可进行处理。

(2) 电量不足提示灯　这个提示灯和燃油汽车的油量不足警告灯作用相同，提醒驾驶人该充电了。一些带有液晶屏幕的电动汽车会在屏幕上显示："请及时充电！"。

(3) 高压断开故障灯　这个故障灯亮时，汽车已经不能上高压了，汽车也不能行驶了。故障原因是动力电池内部的接触器或者配电箱内的接触器已经自动断开，高压系统发生了严重故障，例如动力电池被撞、动力电池内的熔丝熔断、电机控制器严重故障等。

(4) 动力电池内部故障灯　这个故障灯亮说明故障点是动力电池，大部分情况下整车高压断开，车辆无法行驶，少数情况下车辆可以缓慢行驶，但不能加速。导致这个故障的原因一般是动力电池内部单体故障、动力电池被撞、动力电池内部电路接触不良。

(5) 动力电池漏电故障灯　这个故障灯中间有个闪电符号，意思就是蓄电池内部高压部分存在漏电。一般在电动汽车仪表上不会有任何文字提示，只在屏幕上显示一个故障码。当这个故障灯亮时，汽车已经不能行驶了，整车高压被切断输出，不用担心漏电会导致人员触电。

(6) 动力电池高温故障灯　国内大部分品牌电动汽车的动力电池都是风冷的，很多散热保温做得不好，导致动力电池"冬冷夏热"。因为充电时动力电池发热较大，尤其是在夏季，热量散不出去就会出现动力电池高温，导致车辆不能充电或者不能行驶。如果蓄电池本身没问题，一般等汽车温度降低了就正常了。如果是液冷型蓄电池，故障极有可能是蓄电池冷却水泵不工作导致的。

(7) 电机温度过高故障灯　这个故障灯亮时车辆可以行驶，部分品牌的电动汽车在电机温度报警时会限制车速，导致无法加速。电机工作时要发热，所以电机需要散热，绝大部分电动汽车的电机都是通过防冻液循环来冷却的，故障一般是冷却水泵不工作或电机温度传感器信号异常导致的。郑重提示：不要试图通过往电机上泼水来降温。

(8) 故障码说明　电动汽车各个故障码以及具体说明内容见表3-2-3。

表3-2-3　故障码说明表格

故 障 码	说　　明
PIC2604	蓄电池放电故障等级2
PIC2704	蓄电池放电故障等级3
PIC2804	蓄电池放电故障等级4
PIC6D04	BMS报动力电池放电2级故障
PIC718A	BMS报动力电池放电3级故障
PIC728A	BMS报动力电池放电4级故障
PIC6E04	BMS报动力电池放电5级故障
PIC6C04	BMS报动力电池放电6级故障

(续)

故障码	说　　明
PIC6B01	常规请求上高压等待预充超时
PIC6B02	充电请求上高压等待预充超时
PIC6B03	智能补电请求上高压等待预充超时
PIC6B04	对外放电请求上高压等待预充超时
PIC6B05	远程空调请求上高压等待预充超时
PIC6B06	常规请求上高压等待主继电器闭合超时
PIC6B07	充电请求上高压等待主继电器闭合超时
PIC6B08	智能补电请求上高压等待主继电器闭合超时
PIC6B09	对外放电请求上高压等待主继电器闭合超时
PIC6B0A	远程空调请求上高压等待主继电器闭合超时
PIC6B0B	常规请求上高压等待 DC/DC 工作超时
PIC6B0C	充电请求上高压等待 DC/DC 工作超时
PIC6B0D	智能补电请求上高压等待 DC/DC 工作超时
PIC6B0E	对外放电请求上高压等待 DC/DC 工作超时
PIC6B0F	远程空调请求上高压等待 DC/DC 工作超时
PIC6B10	常规快速上高压等待进入 Hv Ready 超时
PIC6B12	智能补电请求快速上高压等待进入 Hv Ready 超时
PIC6B13	对外放电请求快速上高压等待进入 Hv Ready 超时
PIC6B14	远程空调请求快速上高压等待进入 Hv Ready 超时

2. BMS 故障级别分类

根据故障对整车的影响，BMS 故障划分为 3 个等级：

（1）一级故障（非常严重）　动力电池上报该故障一段时间后会造成整车出现安全事故，如起火、爆炸、触电等。动力电池在正常工作时不会上报该故障，BMS 上报该故障表明动力电池处于严重滥用状态。

（2）二级故障（严重）　动力电池上报该故障会造成整车进入跛行、暂时停止能量回馈、停止充电。动力电池在正常工作时不会上报该故障，BMS 上报该故障表明动力电池某些硬件出现故障或动力电池处于非正常工作的条件下。

（3）三级故障（轻微）　动力电池上报该故障对整车无影响或会不同程度地造成整车进入限功率行驶状态。动力电池在正常工作时可能上报该故障，BMS 上报该故障表明动力电池处于极限环境温度下或单体蓄电池一致性出现一定程度的劣化等。

3. BMS 故障级别的名称和编码

不同级别的故障，有对应的故障名称、故障码以及对整车的影响。各故障级别中，相同的故障名称，根据故障程度级别不同，以不同故障码区分。另外，不同批次车辆，相同的故障名称若有不同故障码，以诊断仪显示的编码和解释为准。

（1）一级故障名称和故障码对照表　一级故障名称和故障码对照表见表 3-2-4。

表 3-2-4　一级故障名称和故障码对照表

故障名称	故障码	对整车的影响
单体电压过压	P0004	
蓄电池外部短路（放电过流）	P0006	行车模式：蓄电池放电电流降为 0A，高压断开，无法行车 车载充电：请求停止充电/停止加热，主正、主负接触器断开 直流快充：BMS 发送终止充电，主正、主负接触器断开
温度过高	P0007	
蓄电池内部短路	P0014	

（2）二级故障名称和故障码对照表　二级故障名称和故障码对照表见表 3-2-5。

表 3-2-5　二级故障名称和故障码对照表

故障名称	故障码	对整车影响
单体电压欠电压	P0269	行车模式：限功率至放电电流 25A
BMS 内部通信故障	P0279	行车模式：限功率至放电电流 25A，最大允许充电电流调整为 0A 充电模式：发送请求停止充电，如果上报故障后 2s 内未收到响应，BMS 主动断开高压继电器或加热继电器
BMS 硬件故障	P0284	
BMS 与车载充电机通信故障	P0283	车载充电模式：请求停止充电，或请求停止加热，如果上报故障后 2s 内未收到响应，BMS 主动断开高压继电器或加热继电器
温度过高	P0258	行车模式：限功率至放电电流 25A，最大允许充电电流调整为 0A
绝缘电阻过低	P0276	行车模式：限功率至放电电流 25A，最大允许充电电流调整为 0A 充电模式：发送请求停止充电，如果上报故障后 2s 内未收到响应，BMS 主动断开高压继电器或加热继电器
加热元件故障	P0281-1	充电模式：请求停止加热，如果上报故障后 2s 内未收到响应，BMS 主动断开加热继电器

（3）三级故障名称和故障码对照表　三级故障名称和故障码对照表见表 3-2-6。

表 3-2-6　三级故障名称和故障码对照表

故障名称	故障码	对整车影响	恢复条件
温度过高故障	P1043	行车模式：放电功率降为当前状态的 50%	
绝缘电阻过低	P1047	上报不处理	
电压不均衡	P1046	行车模式：放电功率降为当前状态的 40%	重新上电
单体电压欠电压	P1040		
温度不均衡	P1045	上报不处理	
放电过流	P1042	行车模式：放电功率降为当前状态的 50%	

BMS 通信电路故障检修

❓ 引导问题 3：请查阅相关资料，简述数据通信的作用。

_____
_____

三、数据通信

1. 数据通信的定义

数据通信是 BMS 的重要功能之一，主要涉及 BMS 内部主控板与检测板之间的通信，BMS 与整车控制器、非车载充电机等设备间的通信。

数据通信是通信技术和计算机技术相结合而产生的一种新的通信方式，要在两地间传输信息必须有传输信道，根据传输媒体的不同，分为有线数据通信与无线数据通信两种。它们都是通过传输信道将数据终端与计算机联结起来，而使不同地点的数据终端实现软、硬件和信息资源的共享。

2. 数据通信的作用

在有参数设定功能的 BMS 上，BMS 主控板与上位机之间存在通信。CAN 通信方式是现阶段 BMS 通信应用的主流方式，RS232、RS485 总线等方式在 BMS 内部通信中也有应用。

（1）BMS 通信方式　如图 3-2-3 所示，该 BMS 可实现单体蓄电池电压检测、蓄电池温度检测、蓄电池组工作电流检测、绝缘电阻检测、冷却风机控制、充放电次数记录和 SOC 的估测等功能。

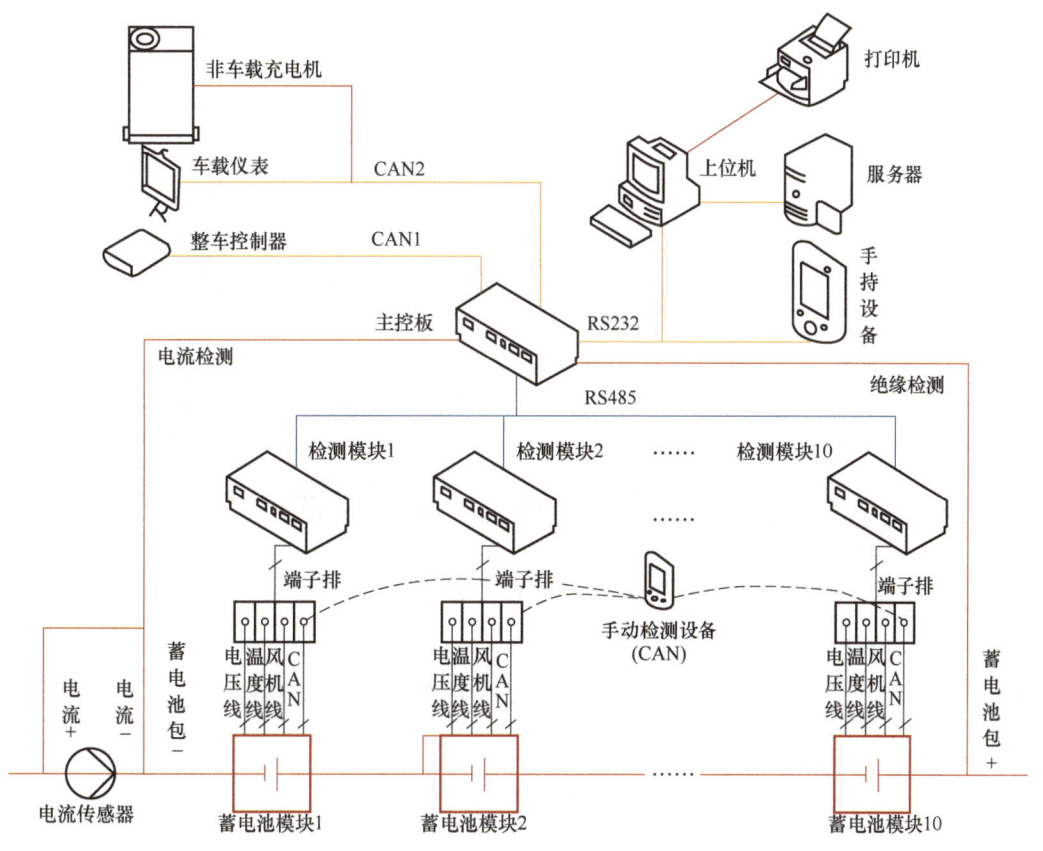

图 3-2-3　某 BMS 通信方式

1）RS232。BMS 通信方式中的 RS232 主要实现主控板与上位机或手持设备的更新，完成主控板、检测板各种参数的设定。

2）RS485。BMS 通信方式中的 RS485 实现主控板与检测板之间的通信，完成主控板蓄电池数据、检测板参数的传输。

3）CAN。BMS 通信方式中的 CAN 通信分为 CAN1 和 CAN2 两路，CAN1 主要与整车控制器通信，完成整车所需蓄电池相关数据的传输；CAN2 主要用于车载仪表、非车载充电机通信，实现蓄电池数据的共享并为充电控制提供数据依据。

（2）车载运行模式下　图 3-2-4 所示为车载运行模式下 BMS 的结构。

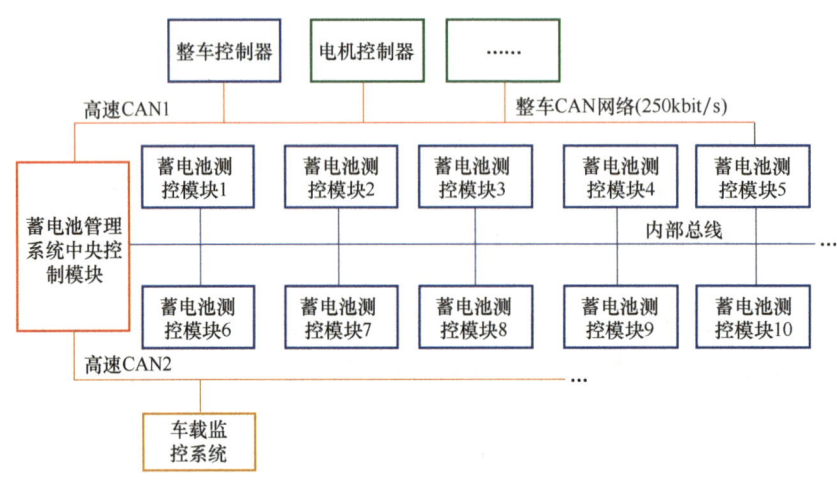

图 3-2-4　车载运行模式下 BMS 的结构

（3）应急模式下　图 3-2-5 所示为应急模式下 BMS 的结构。

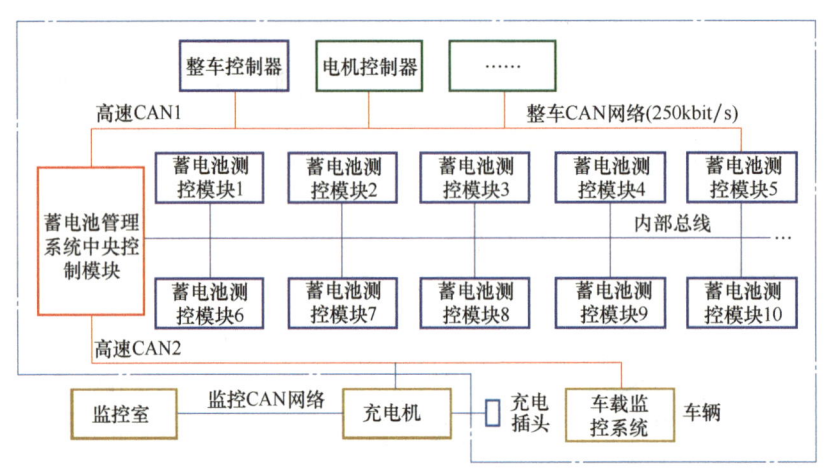

图 3-2-5　应急模式下 BMS 的结构

引导问题 4：请查阅相关资料，简述分布式拓扑结构的优点和缺点。

_____

_____

知识点提示

四、BMS 的拓扑结构

设计电动汽车时，通常需要满足一定的加速能力、爬坡能力和最高车速等动力性指标，若只配备单个单体蓄电池作为能量源是远远无法达到要求的。因此，工程上通常将单体蓄电池进行串并联成组，以满足车辆设计的技术要求。面对大规模的动力电池管理问题，BMS 的拓扑结构非常重要。

　　BMS 的拓扑结构直接影响系统成本、可靠性、安装维护便捷性以及测量准确性。一般情况下，蓄电池监测回路（BMC）与蓄电池组控制单元（BCU）共同构成硬件电路部分。根据 BMS、蓄电池组控制单元（BCU）与单体蓄电池三者之间的结构关系，BMS 可分为集中式拓扑结构和分布式拓扑结构。

1. 集中式拓扑结构

（1）连接结构　集中式 BMS 拓扑结构中的 BMC 和 BCU 集成在单个电路板上，实现采集、计算、安全监控、开关管理、充放电控制以及与整车控制器通信等功能，一般应用于动力电池容量小、总电压低、蓄电池系统体积小的场合。集中式 BMS 拓扑结构如图 3-2-6 所示，所有单体蓄电池的测量信号被集中传输到单个电路板。

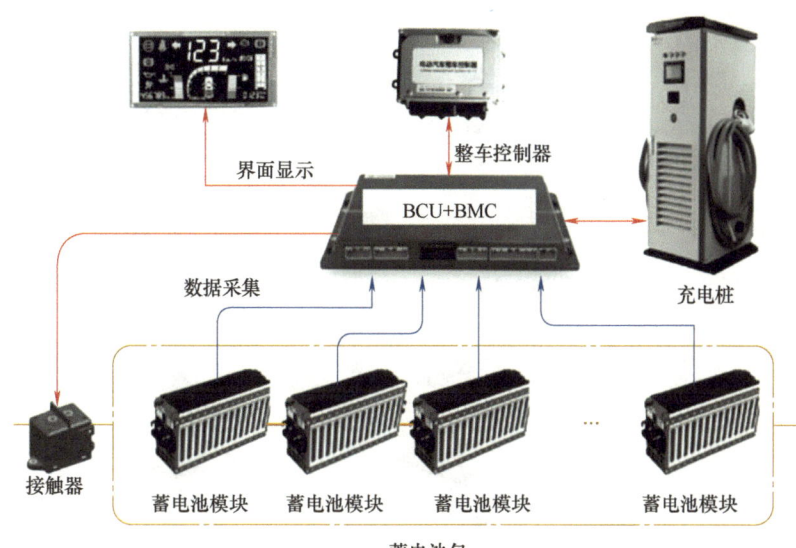

图 3-2-6　集中式 BMS 拓扑结构

（2）优点　集中式 BMS 拓扑结构一般具有如下优点：
1）高速的板内通信有利于保证数据的同步采集。
2）结构紧凑，抗干扰能力强。
3）成本较低，仅使用一个封装即可完成 BMS 的全部工作。

（3）缺点　集中式 BMS 拓扑结构存在以下缺点：
1）容易造成大量复杂的布线。
2）当系统的不同部分发生短路和过电流时难以保护蓄电池系统。
3）考虑到高压安全问题，不同通道之间必须保留足够的安全间隙，最终导致电路板的尺寸过大。
4）由于所有的组件都集中在单一电路板上，可扩展性和可维护性差。

2. 分布式拓扑结构

（1）连接结构　分布式 BMS 拓扑结构中的 BCU 与 BMC 是分开布置的，如图 3-2-7 所示。BCU 主要负责故障检测、蓄电池状态估计、开关管理、充放电控制以及与整车控制器通信；BMC 用于实现单体蓄电池电压、电流和温度的采集以及安全性和一致性的管理。BCU 和 BMC 之间通过 CAN 总线连接，任何 BMC 都可以与 BCU 通信。此外，每一块 BMC 电路板都属于 CAN 总线的一个节点，且单独与对应的单体蓄电池建立连接。因此，BMC 与 BMC 之间同样可以建立通信。

（2）优点　分布式 BMS 拓扑结构一般具有如下优点：

1）采集与计算功能分离，故障排查容易，计算效率高。

2）极大简化了系统的结构，布置位置灵活，适用性好。

3）可扩展性强。若想要增加或减少管理的蓄电池数量，只需要在相应蓄电池附近布置或移除 BMC 电路板，再将它与预留的 CAN 总线接口相连或解开即可。

（3）缺点　分布式 BMS 拓扑结构存在以下缺点：

1）部件增多，增加了电路板数量和安装、调试与拆解的步骤。

2）通信网络设计要求高，易形成网络延时，影响采集数据的同步性。

目前，分布式 BMS 拓扑结构在电动汽车领域中的应用最为广泛，例如比亚迪等电动汽车均采用了这类结构。

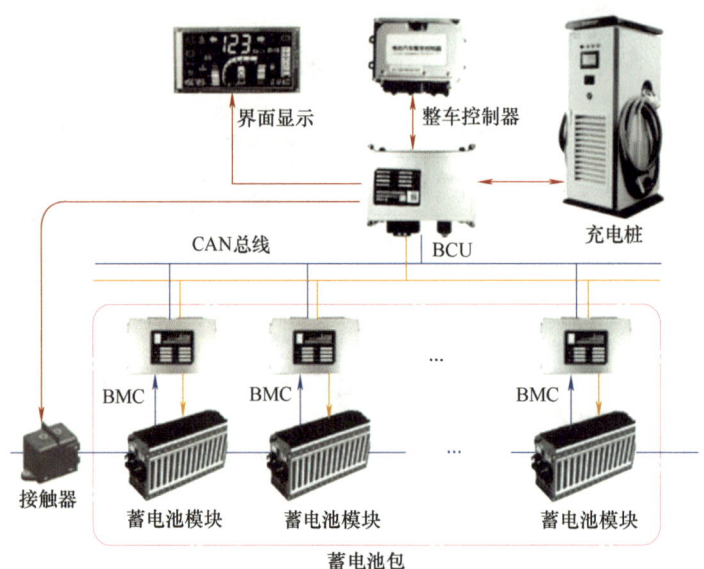

图 3-2-7　分布式 BMS 拓扑结构

工作计划

按照所学知识和小组内部讨论的结果，制订工作计划（表 3-2-7），包括资料查阅渠道的落实、任务实施中的内容分工等。

表 3-2-7　工作计划表

步骤	工作内容	负责人
1		
2		
3		
4		
5		

进行决策

1. 各组派代表阐述资料查询结果。
2. 各组就各自的查询结果进行交流并分享技巧。
3. 教师结合各组完成的情况进行点评,选出最佳方案。

任务实施

一、设备及工具准备

设备及工具准备见表 3-2-8。

表 3-2-8　设备及工具准备

序号	设备及工具名称	数　量
1	比亚迪秦 EV	1辆
2	道通解码仪	1台
3	龙门举升机	1台
4	一体化工、量具	1套

二、场地设备准备

检查实训场地和设备设施是否清洁,是否存在安全隐患,配电箱、插排是否符合用电需求。如果不正常,应汇报教师后进行处理。

三、安全防护准备

1. 禁止在车辆上电高压情况下检查与更换蓄电池模块。
2. 禁止在带电状态下触碰任何带安全警示标志的部件。
3. 禁止徒手触摸任何橙色的线束。

四、实训记录

实训记录见表 3-2-9。

表 3-2-9　信息采集模块故障检修

序号	步　骤	记　录	完成情况
1	电池子网通信故障（CAN H 对地短路）		已完成□ 未完成□
2	故障现象:车辆 OK 灯不亮,电池故障指示灯亮、SOC 为 0		已完成□ 未完成□
3	连接解码仪,进入蓄电池管理系统模块读取故障码及数据流。解码仪报:XXXXX,且无法正常读取数据流,多项数据显示异常		已完成□ 未完成□
4	根据故障现象及故障码、数据流分析得出,故障原因可能是通信转换模块电源故障、蓄电池子网故障、通信转换模块本体故障		已完成□ 未完成□

(续)

序号	步骤	记录	完成情况
5	测量 BK45A/3 对搭铁电压值，正常值为 12V，实际测量值为 12V，正常		已完成□ 未完成□
6	举升车辆，测量 BK51/11 对搭铁电压值，正常值为 12V，实际测量值为 12V，正常		已完成□ 未完成□
7	车辆下电，断开辅助蓄电池负极连接。测量通信转换模块供电 GND 对搭铁电阻值		已完成□ 未完成□
8	车辆下电，断开辅助蓄电池负极连接。测量蓄电池子网 CAN 之间终端电阻值，正常值为 120Ω，实际测量值为 120Ω，正常		已完成□ 未完成□
9	分别测量蓄电池子网 CAN H、CAN L 对地电阻值，正常值为无穷大，实际测量 CAN H 对地短路，电阻值小于 1Ω		已完成□ 未完成□
10	检查 BMS A 插到动力电池之间的线束，排除故障		已完成□ 未完成□

评价反馈

1. 各组代表展示汇报 PPT，介绍任务的完成过程。
2. 以小组为单位，对各组的操作过程与操作结果进行自评和互评，将结果填入表 3-2-10 中。

表 3-2-10　学生评价表

姓名			学号			班级				组别		
实训任务												
评价项目	分值	等级				评价对象（组别）						
		A	B	C	D	1	2	3	4	5	6	7	8
方案合理	20	20	15	10	5								
团队合作	20	20	15	10	5								
工作质量	20	20	15	10	5								
工作规范	20	20	15	10	5								
汇报展示	20	20	15	10	5								
合计	100	各组得分											
总结与反思													
（如：学习过程中遇到的问题→如何解决的 / 解决不了的原因→心得体会）													

3. 教师对学生工作过程与工作结果进行评价，将评价结果填入表 3-2-11 中。

表 3-2-11 教师对学生评价表

姓名			学号		班级		组别	
实训任务								
评价项目			评价标准				分值	得分
考勤（10%）			无无故迟到、早退、旷课现象				10	
工作过程（60%）	知识目标	获取信息	掌握工作相关知识				10	
		进行决策	制订工作方案，方案合理可行				10	
	技能目标	任务实施	能正确连接解码仪，进入蓄电池管理系统模块读取故障码及数据流				5	
			能根据故障现象及故障码、数据流分析得出可能的故障原因				5	
			能够解决相应的故障				10	
	素养目标	工作态度	认真严谨、积极主动、安全生产、文明施工				5	
		团队合作	与小组成员、同学之间能合作交流、协调工作				5	
		工作质量	严格按照工作方案操作，按计划完成工作任务				10	
项目成果（30%）		工作完整	能按时完成工作任务的所有环节				10	
		工作规范	能在整个操作过程中规范操作，避免意外事故发生				10	
		汇报展示	能准确表达、汇报工作成果				10	
合计							100	
综合评价			学生评价（50%）		教师评价（50%）		综合得分	
综合评语			（作业过程中存在的问题及改进建议）					

任务三　BMS故障诊断与维护

任务目标

知识目标
1. 能够描述新能源汽车高压终止与检验的方法。
2. 能够描述高压系统终止与检验的操作步骤与注意事项。

技能目标
具有正确执行新能源汽车的高压终止与检验操作的能力。

素养目标
1. 培养认真严谨、积极主动、安全生产、文明施工的工作态度。
2. 与小组成员、同学之间能合作交流、协调工作。
3. 严格按照工作方案操作，按计划完成工作任务。

任务框图

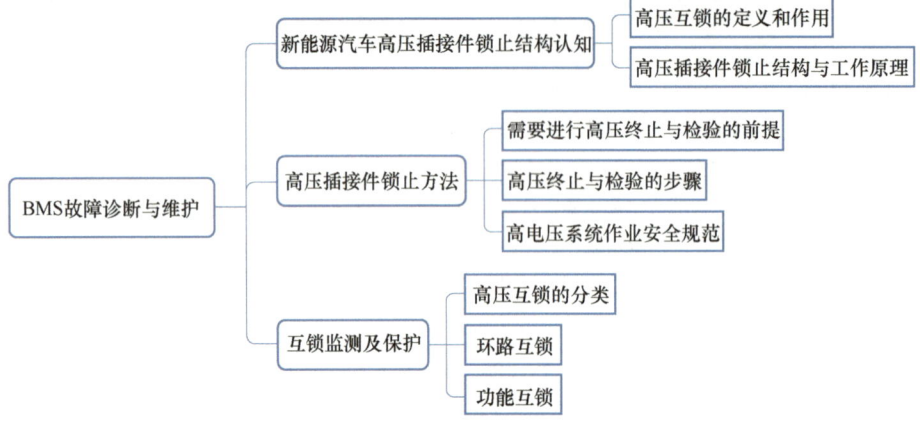

任务导入

　　一辆送检的比亚迪秦 EV 出现车辆上电后仪表提示 EV 功能受限，OK 灯未亮，主警告灯亮的故障。你作为蓄电池助理测试工程师，知道如何处理这个故障吗？

任务分组

学生任务分配表见表 3-3-1。

表 3-3-1　学生任务分配表

班　级		组　号		指导老师	
组　长		学　号			
组　员	姓名：_____	学号：_____	姓名：_____	学号：_____	
	姓名：_____	学号：_____	姓名：_____	学号：_____	
	姓名：_____	学号：_____	姓名：_____	学号：_____	
任务分工					

（就组织讨论、工具准备、数据采集、数据记录、安全监督、成果展示等工作内容进行任务分工）

获取信息

 引导问题 1：请查阅相关资料，简述高压互锁的定义。

_____
_____

引导问题 2：请查阅相关资料，简述高压互锁的作用。

_____

_____

知识点提示

一、新能源汽车高压插接件锁止结构认知

1. 高压互锁的定义和作用

（1）高压互锁的定义　根据《ISO 6469—3：2001 电动汽车安全技术规范 第3部分：人员电气伤害防护》的规定，电动汽车（包括 BEV、PHEV 等车型）的高压部件（及其插接件）都应具有高压互锁装置。高压互锁（HVIL）的功能是利用 12V 的小电流来确认整个高压电气系统的完整性，即包括整个蓄电池系统、导线、插接器、DC/DC 变换器、电机控制器、高压配电箱及保护盖等系统回路的电气连接完整性，如图 3-3-1 所示。

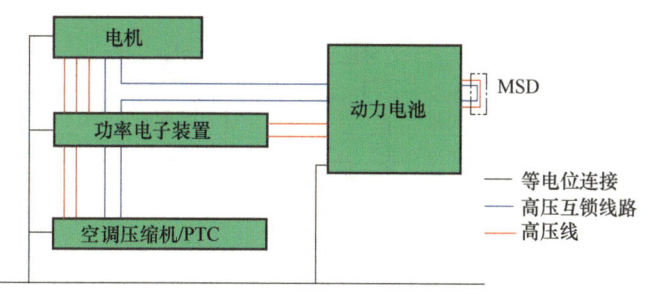

图 3-3-1　高压互锁原理图

（2）高压互锁的作用　高压互锁主要作用是保证高压系统安全，主要有 3 个作用：

1）用来检测高压回路松动（会导致高压断电，整车失去动力，影响乘车安全）并在高压断电之前给整车控制器提供报警信息，预留整车系统采取应对措施的时间。

2）在车辆上电之前发挥作用，检测到电路不完整，则系统无法上电，避免因为虚接等问题造成事故。

3）防止人为误操作引发的安全事故。在高压系统工作过程中，如果没有高压互锁设计存在，手动断开高压连接点，在断开的瞬间，整个回路电压加在断点两端，电压击穿空气在两个器件之间拉弧，时间虽短，但能量很高，可能对断点周围的人员和设备造成伤害。

2. 高压插接件锁止结构与工作原理

（1）高压插接件锁止结构　高压部件的绝缘插接件既可防止维修人员直接接触到高压，还可防水、防尘，减小高压系统绝缘出现问题的风险。在电动汽车高压回路中，要求具备 HVIL 功能的电气元件主要是高压插接件、手动维修开关（MSD）等要求人力操作去实现电路接通、断开的电气接口元件。目前市面上的高压互锁设计大多集成于高压线束插接件，即在高压线束插接件上，额外多一组低压回路用于检测 HVIL 回路的完整性，互锁线束从各高压零部件低压接口引出且与高压线束分开布置。具备高压互锁功能的高压插接件由壳体、高压导电件、低压信号导电件和监测器及监测电路共同组成。一般高压插接件的构造是对插的一对公头、母头上分别固定着一对高压插接件和一对低压插接件，如图 3-3-2 所示。

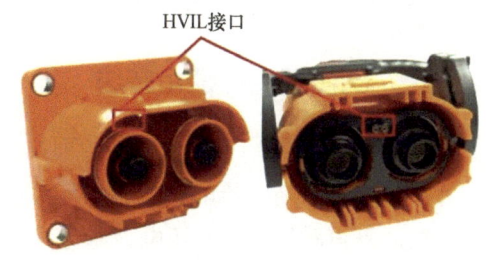

图 3-3-2　高压接插件锁止结构

（2）**高压互锁原理**　高压互锁是利用低压回路的检测信号来判断高压回路每个高压插接件各自是否连接完整与紧固，确保高压回路电气的连通性与完整性。这相当于它是与高压回路并行的低压回路，每个检测节点与高压插接件一一对应。高压插接件插接器分为两部分，一个是高压端子，用于高压连接供电；一个是低压端子，即互锁端子，用于判断高压连接端子是否接到位。

高压互锁结构包含在插接件内部，低压互锁端子和主回路（高压）端子的长度和位置存在差异。实现连接时，先连接高压端子，再连接低压端子，低压回路的断点被短接，形成完整回路；断开时，先断开低压端子，再断开高压端子。监测器负责采集低压信号回路的通断状态，发送给控制器。这样在高压回路真正实现通、断以前，控制器已经掌握了这个插接器的状态。这样能有效地提前判断高压端子断开或松动状态。如果出现松动，蓄电池管理器（BMC）会检测出高压互锁回路断开，BMC 控制动力电池内部接触器断开，车辆下电。高压互锁端子断开过程示意图如图 3-3-3 所示。

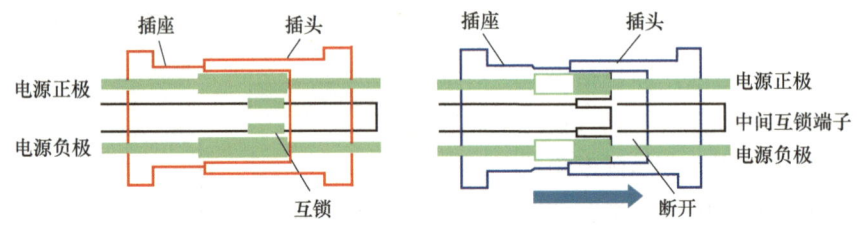

图 3-3-3　高压互锁端子断开过程示意图

一般低压插针短（或者位置落后），高压端子刚刚接触的状态时，低压插针还有一段距离才接触；高压端子已经对接大半，低压插针才刚接触；高压端子插接到位，低压端子也插接到位，从而控制高压回路的通断，如图 3-3-4 所示。

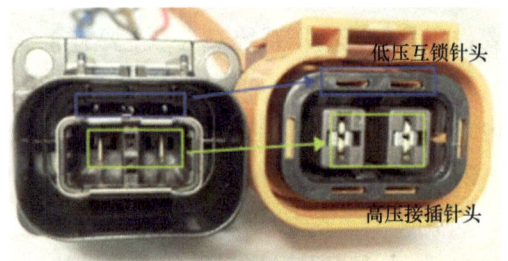

图 3-3-4　高压互锁端子的针头设计

> ❓ **引导问题 3**：请查阅相关资料，简述需要进行高压终止与检验的前提。
> _____
> _____

💡 知识点提示

二、高压插接件锁止方法

1. 需要进行高压终止与检验的前提

在维修带有高电压的新能源汽车（电动汽车）前，务必执行高压的终止与检验操作，确认动力电池不再对外输出高压电，避免高压触电。如果进行新能源汽车以下操作时，要求进行高压终止与检验：

1）高压系统维护或高压系统需要维修。

2）进行救援或事故修复工作。

3）其他可能接触到高电压，但不需要运行高压系统的操作。

2. 高压终止与检验的步骤

执行高压终止后，车辆除了动力电池外，其他部件应该都不具有高电压。

高压终止的程序如下：

1）将车辆变速杆切换到 P 位。

2）确保车辆驻车制动器工作可靠。

3）关闭起动开关。如果使用一键起动按钮的车型，把遥控钥匙拿到离车至少 5m 远的地方，再次起动车辆以确认车辆没有钥匙无法起动。

4）断开辅助蓄电池负极端子。

5）戴上绝缘防护手套，拆下维修开关。如果相关车型没有装备维修开关（请参照维修手册确认），除了拆卸辅助蓄电池负极端子外，还应拆卸某一高压部件的互锁开关（如需拆卸高压导线插接器，务必戴上绝缘防护手套），如图 3-3-5 所示。

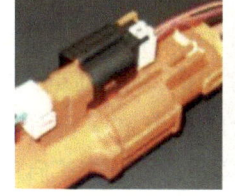 

图 3-3-5　拆除高压接插件

6）等待 3min 或更长时间。高压部件通常安装有电容器，能保持一段时间的高电压。拆下维修开关后，必须要等待 3min 或更长时间，使得高压部件中的电容器完全放完电，才可以继续对车辆进行高压检验操作。

7）高压检验是利用数字万用表再次确认高压终止以后，具体维修的部件上不再有高压，符合高压的检验操作标准。使用万用表测量高电压部件的插接器各个高压端子，在执行高压终止以后，每个端子对车身地的电压应该小于 3V，且端子正、负极之间的电压应该小于 3V。如果任一被测量的电压超过 3V，说明系统内部存在高压黏结情况，需要由经过特殊培训的工程师来进行处理。

3. 高电压系统作业安全规范

在进行高压中止操作时，只有遵守下列规定才能保护健康和生命。DIN/VDE 0105 规定的 5 条高电压系统作业安全规范如下：断开高压系统（断电）；防止高电压系统再激活（保护）；确定高压系统断电（确认）；接地和短路；遮盖或阻隔临近的带电部件。

> **引导问题 4**：请查阅相关资料，简述环路互锁与功能互锁的适用范围。
>
> _____
>
> _____

知识点提示

三、互锁监测及保护

1. 高压互锁的分类

依据互锁防护设计角度的不同，电动汽车的互锁分为两大类：环路互锁和功能互锁。环路互锁主要是从电气回路连续性（完整性）的角度设计，通常主要针对高压系统，用来监测高压电气回路上是否存在断路的情况；功能互锁主要是从系统功能的角度进行防护，如充电时电动汽车就不能意外起动等。

2. 环路互锁

在打开高压电气设备防护罩或断开高压回路的插接器时，人员可能会接触到高电压，因此，有必要对高压回路的连续性（完整性）进行监测。危险电压互锁回路（HVIL，即环路互锁）可以很好地完成这个任务。

危险电压互锁回路是一种互锁系统，是首尾连接在自动断开装置上，通过在一个存在危险电压的回路中发送一个微弱的（安全的）电流信号以对电气回路的连续性（完整性）进行检查的电路。一旦出现电气回路的不连续（不完整），例如由于开启某个插接器，自动断开装置就会启动，切断电源，以清除该处的危险电压。在充电操作中，为了保证充电接口、充电线束及电动汽车之间的可靠连接，需要在充电系统高压回路中设计互锁回路。另外，所有在被移开后就会使人体直接暴露在危险电压中的盖子，如高压电气设备的防护盖，必须进行互锁或采取其他保护措施。可以将防护盖的互锁设计成HVIL的一部分。一般来说，当HVIL出现不连续（不完整）的情况（如断路或打开设备防护盖等）时，就应该启动自动断开装置。环路互锁的工作原理如图3-3-6所示。

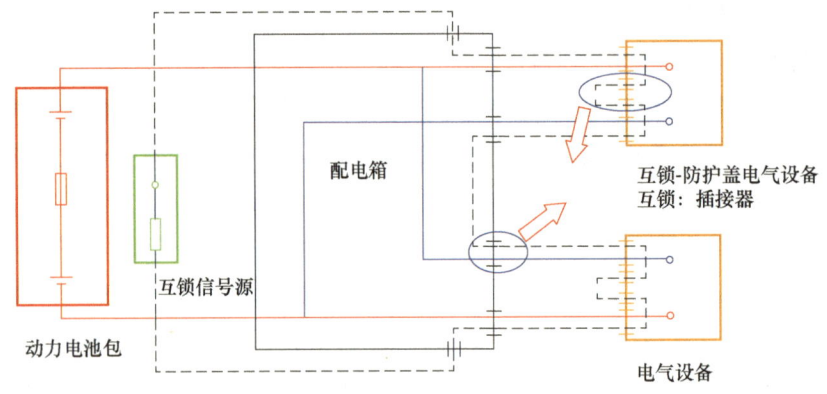

图3-3-6　环路互锁的工作原理

3. 功能互锁

当高压电路与动力电池断开后（例如，自动断开装置或手动断开装置启动时），高压母线上会残留可对人体造成电击伤害的危险电压，因此有必要将高压母线的电压释放到安全范围内。根据电压和能量的情况以及电压衰减所需要的时间，不同的制造商有不同的方案和设计。某些电动汽车高压系统断电后采用电阻放电就是其中的一种方案。

工作计划

按照所学知识和小组内部讨论的结果，制订工作计划（表3-3-2），包括资料查阅渠道的落实、任务实施中的内容分工等。

表3-3-2　工作计划

步骤	工作内容	负责人
1		
2		
3		
4		
5		

进行决策

1. 各组派代表阐述资料查询结果。
2. 各组就各自的查询结果进行交流并分享技巧。
3. 教师结合各组完成的情况进行点评，选出最佳方案。

任务实施

一、设备及工具准备

设备及工具准备见表 3-3-3。

表 3-3-3　设备及工具准备

序号	设备及工具名称	数　量
1	比亚迪秦 EV	1辆
2	道通解码仪	1台
3	龙门举升机	1台
4	一体化工、量具	1套

二、场地设备准备

检查实训场地和设备设施是否清洁，是否存在安全隐患，配电箱、插排是否符合用电需求。如果不正常，应汇报教师后进行处理。

三、安全防护准备

1. 禁止在车辆上电高压情况下检查与更换蓄电池模块。
2. 禁止在带电状态下触碰任何带安全警示标志的部件。
3. 禁止徒手触摸任何橙色的线束。

四、实训记录

实训记录见表 3-3-4。

表 3-3-4　预充失败故障检修

序号	步　骤	记　录	完成情况
1	车辆上电仪表提示 EV 功能受限，OK 灯未亮，主告警灯亮		已完成□ 未完成□
2	连接道通解码仪进行全车模块扫描，发现蓄电池管理器报：预充回检故障、主接触器回检故障、数据流提示预充失败		已完成□ 未完成□

(续)

序号	步骤	记录	完成情况
3	车辆下电，解码仪不断开车辆，停留在BMS模块数据流界面。车辆重新上电，观察BMS模块数据流接触器的动态变化，发现主接触器动作异常，导致预充失败		已完成□ 未完成□
4	根据电路图进行故障排查		已完成□ 未完成□
5	检查预充/正极接触器电源，端子BK45A/7对搭铁电压值为12V，正常		已完成□ 未完成□
6	检查预充接触器控制信号。端子BK45A/21对搭铁电压正常值为12V，测量值为12V，正常		已完成□ 未完成□
7	检查主接触器控制信号。端子BK45A/22对搭铁电压正常值为12V，测量值为0V，异常		已完成□ 未完成□
8	车辆下电，测量端子BK45A/22到端子BK51/19电路电阻值，阻值为无穷大，异常		已完成□ 未完成□
9	故障原因：端子BK45A/22到端子BK51/19电路断路		已完成□ 未完成□

评价反馈

1. 各组代表展示汇报PPT，介绍任务的完成过程。
2. 以小组为单位，对各组的操作过程与操作结果进行自评和互评，将结果填入表3-3-5中。

表3-3-5　学生评价表

姓名		学号			班级				组别			
实训任务												
评价项目	分值	等级			评价对象（组别）							
		A	B	C	D	1	2	3	4	5	6	7	8
方案合理	20	20	15	10	5								
团队合作	20	20	15	10	5								
工作质量	20	20	15	10	5								
工作规范	20	20	15	10	5								
汇报展示	20	20	15	10	5								
合计	100	各组得分											
总结与反思													

（如：学习过程中遇到的问题→如何解决的/解决不了的原因→心得体会）

3. 教师对学生工作过程与工作结果进行评价，将评价结果填入表 3-3-6 中。

表 3-3-6 教师对学生评价表

姓名			学号		班级		组别	
实训任务								
评价项目			评价标准				分值	得分
考勤（10%）			无无故迟到、早退、旷课现象				10	
工作过程（60%）	知识目标	获取信息	掌握工作相关知识				10	
		进行决策	制订工作方案，方案合理可行				10	
	技能目标	任务实施	能够读懂高压互锁电路图				5	
			能够正确执行新能源汽车的高压终止与检验操作				5	
			能够正确分析常见故障				10	
	素养目标	工作态度	认真严谨、积极主动、安全生产、文明施工				5	
		团队合作	与小组成员、同学之间能合作交流、协调工作				5	
项目成果（30%）		工作质量	严格按照工作方案操作，按计划完成工作任务				10	
		工作完整	能按时完成工作任务的所有环节				10	
		工作规范	能在整个操作过程中规范操作，避免意外事故发生				10	
		汇报展示	能准确表达、汇报工作成果				10	
合计							100	
综合评价			学生评价（50%）		教师评价（50%）		综合得分	
综合评语			（作业过程中存在的问题及改进建议）					

情智课堂

基于职业生涯规划理念，提升自我管理能力

在日常生活中，有各式各样的问题困扰着我们，像是每天的时间如何分配，当前的目标是什么，如何规划自己的职业生涯，怎么平衡学习、娱乐和社交占用的时间……不必一味强调分配时间、确立目标、好好学习这些大道理，道理每个人都懂得，难的往往是实践。有些同学会发现道理都明白，但实际进行自我管理的时候，认认真真努力了一段时间后没看到什么成效，有些心灰意冷。下面介绍如何循序渐进地提升自我管理能力。

首先，要搞清楚自我管理能力为什么会出现问题。大部分人在自我管理方面的问题主要是时间管理碎片化、网络自控力较弱，职业生涯规划不清晰，自我反省和自我修复能力弱。

其次，要了解如何更改。可以借助职业生涯规划工具——生涯九宫格，根据自身实际情况，设定多维度的目标以及确定行动方案。生涯九宫格分为9个维度，这9个维度可以设定为学期目标（例如进一步认知所学专业，了解合作企业和大致的就业方向）、人际交往、第二课堂（例如参加社团或读书计划）、学业目标（例如本学期成绩获得优秀评价）、休闲娱乐、财务管理（例如制订消费计划）、社会实践、身心健康、行动计划（例如进行时间分配）。

最后，以时间为轴，以个人爱好和兴趣为切入点，以培养自身的目标导向、时间意识、自我修复能力、合理使用网络为主要内容，以成长手册为载体，循序渐进，持续改进，以提升坚持能力和习惯养成为核心，提升自我管理能力。

1. 目标设定

目标设定借助职业生涯规划工具——生涯九宫格，根据自身实际情况、多维度自我设定目标以及确定行动方案，如图3-3-7所示。

学期目标		
1. 希望自己有哪些进步或明显的变化 2. 适应新环境，融入宿舍及班级 3. 对所学专业有进一步的认识，培养目标及合作企业和大致的就业方向 4. 教师、同学对自己的评价：积极向上		
人际交往 目标：交一位志趣相同的朋友，经常在一起读书或…… 行动方案：军训期间认识班上所有同学，逐步了解，找到他或她	第二课堂 参加1个社团，认真读1本书，参加1次读书分享 学业目标 目标：期末优秀科目1门、良好2门……无挂科 行动方案：课堂上跟上教师节奏，按时完成作业	休闲娱乐 1. 与同学一起爬1次山或到当地的景点旅游1次 2. 尝试1个新的爱好
财务管理 目标：财务收支平衡，不借钱 行动方案：制订月或学期消费计划，可行的勤工俭学或假期打工计划	身心健康 1. 每天锻炼1小时 2. 每周写1个自己的成就故事 3. 和同学交流无障碍，尝试并完成1项自己认为很难的事	社会实践 1. 找一个机会为同学服务1次 2. 参加1次社会实践活动
行动计划		
1. 这学期坚持每天1万步或1项体育锻炼 2. 理想的时间分配：正常的吃饭、睡觉40%；上课学习20%；锻炼5%；体闲娱乐不超过10%；人际交往5%；其他20%		

图3-3-7 目标设定模板

2. 行动记录

目标设定后，还要看行动。每天作好行动记录，以时间为轴，记录本人的时间消费情况及

九宫格中主要目标和关键活动的完成及坚持情况。

第 1 阶段，记录周期可由 1 天逐渐增至 7 天。根据 21 天法则，前 3 周每天画出自己时间消费饼图，每周进行 1 次回顾和反省，如实记录关键活动的坚持情况及对自己的评价。3 周过后进行自我总结，看看是否按自己设定的行动计划坚持下来了。

如果这 21 天按自己的行动计划坚持下来了，就进入第 2 个阶段，周期可设定为 1 周。没有完成的，开始第 2 个 21 天周期并思考在第 2 个 21 天周期里九宫格里的目标及行动方案或计划是否需要调整。

第 3 阶段，在第 10 周即学期进行到一半时，认真审视主要目标的完成及关键内容的坚持情况，可视实际情况适当地进行调整。这样坚持下来，再持续 4 周时间，到了学期仅剩下最后 1 个月时，检查九宫格里的目标完成情况，确定是调整目标还是调整自己的时间分配。

3. **总结、改进**

该计划的思路是时刻提醒自己本学期要做的事情以及定时反省自己的时间消费。这个计划并不要求放弃休闲娱乐、有助于身心健康的运动还有人际交往等会带来乐趣的事务，而是用行动记录的方式梳理每天的时间消费情况，以不增加负担为原则，尽量简化记录事项，既有助于长时间的坚持，又可体现从量变到质变的过程，在自我设计、自我实施、自我监督、自我反省、自我修复、自我强化中提升自我管理能力。

曾有老师选择一个班试用成长手册，经历了 1 个学期，有 87% 的学生按要求坚持下来、完成记录，当然，老师对部分学生进行了督促和干预。超过一半的学生认为自己的时间分配得到改善，从学生前、后提交的时间饼图可以印证，他们认为在自我设计、自我实施、自我监督、自我反省、自我修复、自我强化（"六自"）中自我管理能力明显得到了提升。

若认为这样的方法可行，不妨从今天开始，尝试做一个自己今日的时间消费饼图，看看自己在 9 个维度各消耗了多长的时间，进行一次回顾和反省，无需苛责自己，诚实地面对现况，在长时间的坚持中一点一点去更改，做到苟日新，日日新，又日新，每天都是全新的自己。

项目四
充电系统检修

任务一 充电系统认知

任务目标

知识目标
1. 了解电动汽车常见的充电方式。
2. 了解交流充电系统。
3. 了解直流充电系统。

技能目标
具有完成电动汽车充电操作的能力。

素养目标
1. 培养认真严谨、积极主动、安全生产、文明施工的工作态度。
2. 与小组成员、同学之间能合作交流、协调工作。
3. 严格按照工作方案操作，按计划完成工作任务。

任务框图

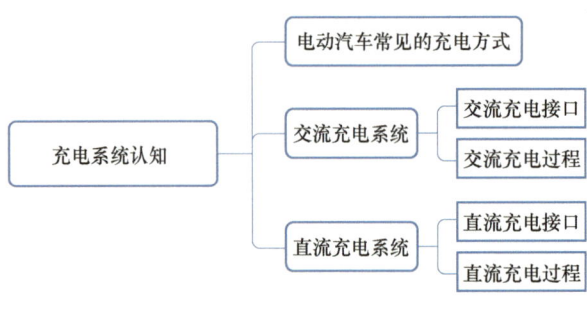

项目四 充电系统检修

任务导入

一位客户想要购买一辆比亚迪秦 EV 汽车,他来到 4S 店想要了解比亚迪秦 EV 汽车的充电系统。作为一名销售顾问,请你为客户介绍新能源汽车充电系统的基本知识。

任务分组

学生任务分配表见表 4-1-1。

表 4-1-1 学生任务分配表

班 级		组 号		指导老师	
组 长		学 号			
组 员	姓名：_____	学号：_____	姓名：_____	学号：_____	
	姓名：_____	学号：_____	姓名：_____	学号：_____	
	姓名：_____	学号：_____	姓名：_____	学号：_____	
	姓名：_____	学号：_____	姓名：_____	学号：_____	
任 务 分 工					

（就组织讨论、工具准备、数据采集、数据记录、安全监督、成果展示等工作内容进行任务分工）

获取信息

引导问题 1： 请查阅相关资料，简述电动汽车充电系统的作用与电动汽车常见的充电方式。

_____

_____

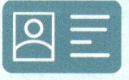

职业认证

智能新能源汽车职业技能等级要求中的蓄电池检查保养任务要求考生能按照厂家的要求进行蓄电池的慢充和快充的操作。通过智能新能源汽车职业技能等级考核可获得教育部 1+X 证书中的"智能新能源汽车职业技能等级证书"。

竞赛指南

在 2019 年中国技能大赛——全国新能源汽车关键技术技能大赛的理论知识竞赛中，汽车电动化的组卷占比为 60%，汽车电动化模块的出题范围就包括了动力电池快充技术和快换技术。

知识点提示

一、电动汽车常见的充电方式

电动汽车的动力电池是车辆的动力源，对电动汽车的使用性能有很重要的影响，而动力电池所搭载的电量并不是无穷无尽的，当电量消耗后要进行补充。充电系统为电动汽车运行提供能量补给，是电动汽车的重要基础支撑系统，也是电动汽车商业化、产业化过程中的重要环节。随着电动汽车产业的快速发展，充电技术已成为制约行业发展关键因素之一。智能、快速的充电方式成为电动汽车充电技术发展的趋势。电动汽车常见的充电方式有交流充电、直流充电和换蓄电池3种。

> **引导问题2**：请查阅相关资料，简述交流充电的过程。

交流充电流程

知识点提示

二、交流充电系统

1. 交流充电接口

交流充电指直接将电网电能输入给车辆车载充电机（OBC），通过OBC内部电路将交流电升压整流后给动力电池充电。交流电可以是AC 220V单相电或AC 380V三相电。图4-1-1所示为比亚迪20款秦EV交流充电（慢充）接口。

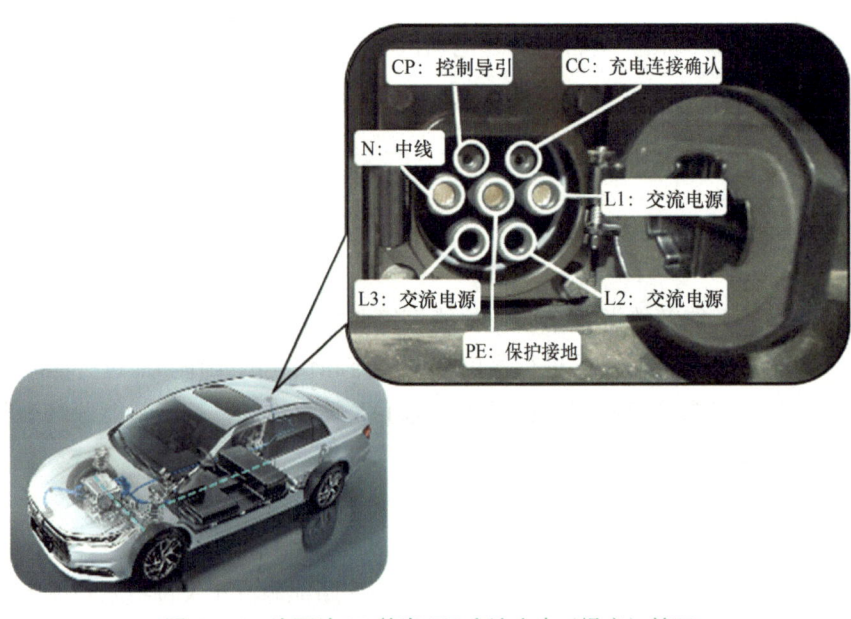

图4-1-1　比亚迪20款秦EV交流充电（慢充）接口

我国的交流充电接口采用的标准是GB/T 20234.2—2015，一共7个接口，见表4-1-2。

表 4-1-2 国标交流充电接口

插座形状	定　义	
	CC	充电连接确认
	CP	控制导引
	N	中线
	PE	保护接地
	L1	单相供电的电源线
	L2	三相供电的 V 相
	L3	三相供电的 W 相

2. 交流充电过程

交流充电过程：当交流充电枪插入交流充电接口时，OBC 的低压插件输出 12V 电压到交流充电接口，并在充电接口与交流充电枪端的 CC 与 PE 的电阻相通，OBC 会通过接通电阻后电流大小变化了解充电枪的充电功率和充电电流。OBC 的数据通过充配电总成的动力 CAN 总线与网关控制器进行交互，车身配电模块（BCM）控制继电器吸合，BMC、VCU、电机控制器等模块得到双路电，BMC 将蓄电池当前状态通过动力 CAN 总线与充配电总成做信息交互，OBC 输出一个占空比信号，从交流充电枪进来的交流电通过 OBC 进行升压整流后给动力电池充电。图 4-1-2 所示为交流充电控制连接示意图。

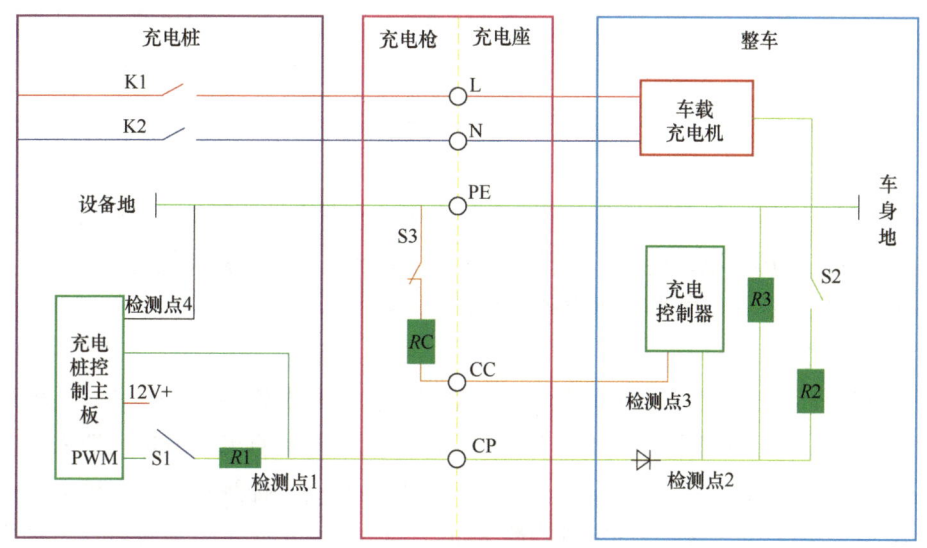

图 4-1-2　交流充电控制连接示意图

引导问题 3：请查阅相关资料，简述直流充电的过程。

_____

_____

直流充电流程

知识点提示

三、直流充电系统

1. 直流充电接口

直流充电是指直流充电桩将 AC 380V 电通过直流模块转换成 DC 500V 或 DC 750V 的直流电后通过配电系统给动力电池充电。图 4-1-3 所示为比亚迪 2020 款 EV 直流充电（快充）接口。

我国的直流充电接口采用的是 GB/T 20234.3—2015 中的标准，一共 9 个接口，如图 4-1-4 所示：

图 4-1-3　比亚迪 2020 款秦 EV 直流充电（快充）接口

CC1：充电连接确认，车辆对充电桩，充电插座 CC1 端口与 PE 之间连接有 1kΩ 的电阻。

CC2：充电连接确认，车辆对充电桩，充电枪 CC2 端口与 PE 之间连接有 1kΩ 的电阻。

S+：充电通信 CAN H，连接非车载充电机与电动汽车的通信线。

S−：充电通信 CAN L，连接非车载充电机与电动汽车的通信线。

DC+：直流电源正极，连接直流电源正极与高压动力电池正极。

DC−：直流电源负极，连接直流电源负极与高压动力电池负极。

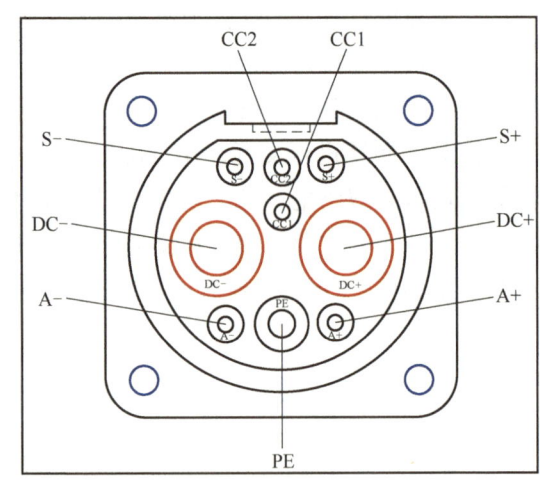

图 4-1-4　直流充电接口示意图

A+：低压辅助电源正极，连接非车载充电机为电动汽车提供的低压辅助电源。

A−：低压辅助电源负极，连接非车载充电机为电动汽车提供的低压辅助电源。

PE：保护接地，连接供电设备地线和车辆电平台。

2. 直流充电过程

直流充电过程：将直流充电枪插入直流充电口，直流充电枪端的 S+、S− 与 BMC 的充电 CAN 进行通信，直流充电口上的 CC1 与 PE 上的 1kΩ 电阻检测直流充电枪已插入充电口，同时充电枪端的 CC2 与 PE 上的 1kΩ 电阻使仪表充电指示灯亮，提醒驾驶人"充电已连接，请稍后..."。充电枪端的 A+、A− 辅助电源唤醒 BMC，即 BMC、VCU、电机控制器等模块得到双路电，BMC 将蓄电池当前状态通过充电 CAN 做信息交互，直流充电桩输出 DC 500V 的直流电通过充配电总成中的接触器给动力电池充电。

注意：直流充电在进入到直流充电确认之前，通过烧结检测模块分别对直流充电正极接触器、直流充电负极接触器进行烧结检测。当检测直流充电正极接触器时，烧结检测模块控制直流充电负极接触器吸合，检测光耦电子元件是否导通。若导通，则说明正极接触器烧结。检测负极接触器烧结过程同上。图 4-1-5 所示为直流充电控制连接示意图，图 4-1-6 所示为直流充电烧结检测原理示意图。

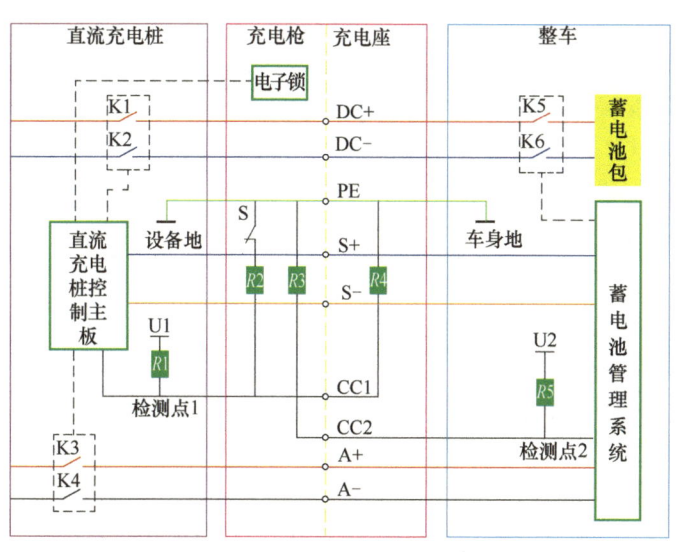

图 4-1-5　直流充电控制连接示意图

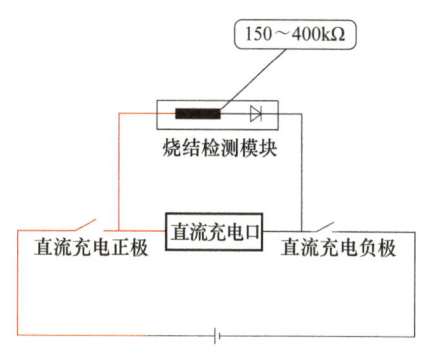

图 4-1-6　直流充电烧结检测原理示意图

工作计划

按照所学知识和小组内部讨论的结果，制订工作计划（表 4-1-3），包括资料查阅渠道的落实、任务实施中的内容分工等。

表 4-1-3　工作计划

步骤	工 作 内 容	负责人
1		
2		
3		
4		
5		

进行决策

1. 各组派代表阐述资料查询结果。
2. 各组就各自的查询结果进行交流并分享技巧。
3. 教师结合各组完成的情况进行点评，选出最佳方案。

任务实施

一、设备及工具准备

设备及工具准备见表 4-1-4。

表 4-1-4　设备及工具准备

序号	设备及工具名称	数量
1	比亚迪秦 EV	1 辆
2	交流充电枪	1 套
3	直流充电枪	1 套

二、场地设备准备

检查实训场地和设备设施是否清洁，是否存在安全隐患，配电箱、插排是否符合用电需求。如果不正常，应汇报教师后进行处理。

三、安全防护准备

1. 禁止在车辆上电高压情况下检查与更换蓄电池模块。
2. 禁止在带电状态下触碰任何带安全警示标志的部件。
3. 禁止徒手触摸任何橙色的线束。

四、实训记录

实训记录见表 4-1-5、表 4-1-6。

表 4-1-5　交流充电系统结构认知

序号	步骤	记录	完成情况
1	查找交流充电车辆插座分总成、充配电总成、高压配电线束总成、动力电池 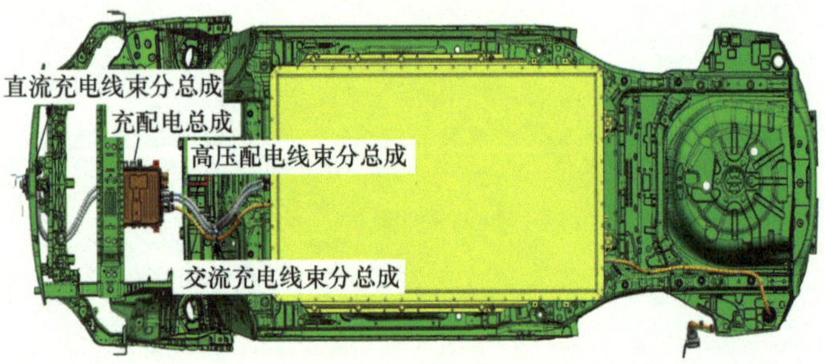		已完成□ 未完成□
2	按照电流的走向介绍各个主要的组成部件		已完成□ 未完成□
3	交流充电接口介绍		已完成□ 未完成□
4	充电过程的电流走向介绍：交流充电枪通过车辆交流充电接口将交流电送至充配电总成，经过充配电总成上层的滤波电路后到达下层 OBC，OBC 将电网送来的交流电转换成高压直流电，通过高压配电线束分总成送到动力电池，给动力电池充电		已完成□ 未完成□
5	交流充电控制逻辑介绍		已完成□ 未完成□

表 4-1-6　直流充电系统结构认知

序号	步骤	记录	完成情况
1	查找直流充电车辆插座分总成、充配电总成、高压配电线束总成、动力电池 		已完成□ 未完成□
2	按照电流的走向介绍各个主要的组成部件		已完成□ 未完成□
3	直流充电口介绍		已完成□ 未完成□
4	充电过程的电流走向介绍：直流充电枪通过直流充电车辆插座分总成将高压直流电送到充配电总成内部，内部高压配电模块通过铜排、直流充电接触器进行配电后，再通过高压配电线束总成把高压直流电送到动力电池，给动力电池充电		已完成□ 未完成□
5	直流充电控制逻辑介绍		已完成□ 未完成□

评价反馈

1. 各组代表展示汇报 PPT，介绍任务的完成过程。
2. 以小组为单位，对各组的操作过程与操作结果进行自评和互评，将结果填入表 4-1-7 中。

表 4-1-7　学生评价表

姓名				学号			班级				组别			
实训任务														
评价项目	分值	等级				评价对象（组别）								
		A	B	C	D	1	2	3	4	5	6	7	8	
方案合理	20	20	15	10	5									
团队合作	20	20	15	10	5									
工作质量	20	20	15	10	5									
工作规范	20	20	15	10	5									
汇报展示	20	20	15	10	5									
合计	100	各组得分												
总结与反思														

（如：学习过程中遇到的问题→如何解决的/解决不了的原因→心得体会）

3. 教师对学生工作过程与工作结果进行评价，将评价结果填入表 4-1-8 中。

表 4-1-8　教师对学生评价表

姓名			学号		班级	组别	
实训任务							
评价项目			评价标准			分值	得分
考勤（10%）			无无故迟到、早退、旷课现象			10	
工作过程（60%）	知识目标	获取信息	掌握工作相关知识			10	
		进行决策	制订工作方案，方案合理可行			10	
	技能目标	任务实施	了解交流充电系统			5	
			了解直流充电系统			5	
			能够完成新能源汽车的充电操作			10	
	素养目标	工作态度	认真严谨、积极主动、安全生产、文明施工			5	
		团队合作	与小组成员、同学之间能合作交流、协调工作			5	
		工作质量	严格按照工作方案操作，按计划完成工作任务			10	

(续)

评价项目		评价标准	分值	得分
项目成果（30%）	工作完整	能按时完成工作任务的所有环节	10	
	工作规范	能在整个操作过程中规范操作，避免意外事故发生	10	
	汇报展示	能准确表达、汇报工作成果	10	
合计			100	
综合评价	学生评价（50%）	教师评价（50%）	综合得分	
综合评语	（作业过程中存在的问题及改进建议）			

拓展知识点

纯电动汽车换电技术

纯电动汽车已成为当代汽车发展的主要方向，随着纯电动汽车市场占有率的提高，其充电问题最受人们关注。换电模式研究的目的是帮助消费者解决充电难、充电时间长等问题。换电模式大多主要集中在运营车辆、物流车辆上，但是在私家车方面，车电分离模式还很少见到，不过已经有一些企业在做这方面的布局。车电分离技术在纯电动汽车上运用可以降低消费者的购车成本，增加消费者的购买欲望从而提高纯电动汽车在市场上的占有率。

纯电动汽车换电模式指通过集中型充电站对大量蓄电池集中存储、集中充电、统一配送，并在换电站内对新能源汽车进行动力电池更换服务，可以集蓄电池的充电、物流调配以及换电服务于一体。换电模式可以帮助消费者节省购买蓄电池的大笔费用，并且可以解决充电时间长、充电难的问题。

目前，国内大多数新能源汽车企业的产品主要以充电模式为主，少数企业正在探索换电模式。经过多年的培养，绝大多数新能源汽车用户已经习惯了充电模式，但充电模式仍存在弊端。充电的不便严重影响了消费者的出行体验，也制约了行业健康发展，形成这些问题的原因是多方面的。首先，蓄电池技术有待进一步提高，其性能缺陷造成了不少的尴尬：每次快充充满需要1~2h，慢充需要6~8h；续驶里程尴尬，尤其节假日期间的高速公路服务区充电站极易排起长队；快充使蓄电池电量衰减加速，影响蓄电池的使用寿命；冬季蓄电池电量大幅下降，续驶里程大幅缩水，高寒地区更严重。根据美国汽车协会AAA的调查，气温降至-6℃时，电动汽车的平均续驶能力下降41%；大量老旧居民小区空间不足，无法安装充电桩；充电桩少，分布布局不合理，忙闲差距较大（图4-1-7），部分充电桩甚至从未启用过。其次，当大量车辆同时充电时，电力系统承受的压力增大。当然，充电模式也有优点：充电桩体积小，安装方便灵活，成本较低；快慢充可以根据需求选择。此外，为了进一步提高充电效率，目前车企正在探索超级充电模式，目标是"充电比加油更方便"。

随着新能源汽车市场不断扩大，补电问题日益突出。近几年，多个部门都提到要支持"车电分离"、充换电设施建设，市场立即闻风而动，"换电模式"成为新宠。北汽新能源、蔚来汽车、车和家等企业均有"车电分离"的换电模式布局，只是暂时还没有形成规模。换电模式最大的优点，首先就是快，一般3~10min就能完成一辆车蓄电池组的更换；二是便于实现车电分离，剥离了蓄电池残值对整车残值的影响，也有利于旧蓄电池的梯次利用；三是换电站可以采用慢充的模式对蓄电池充电，避免了蓄电池电量的衰减，有利于延长蓄电池的使用寿命；四是可以避免大量车辆同时充电带给电力系统的冲击，合理运用电力系统的波峰和波谷的电量进行充电，缓解用电压力。但也要看到换电模式也存在一些问题，首先是换电站的基础设施建设成本巨大，需要多方合力，而且后期运营费用远高于充电模式；由于不同车辆配置的蓄电池型号不同，无法实现互换，需要换电站储备足够的蓄电池，而且型号要齐全，运营成本巨大，需要实现蓄电池标准化。图4-1-8所示为广汽埃安换电站。

图4-1-7　高峰期的充电站"一桩难求"

图4-1-8　广汽埃安换电站

当下常见的换电技术主要有底盘换电技术和弹匣换电技术。

底盘换电技术是将动力电池与底盘组合在一起，机械臂快速准确地找到汽车动力电池部位的卡扣并且将动力电池快速拆卸下来，换上一块新的动力电池，在整个过程中不需要人工参与其中。底盘换电方式能够实现对动力电池的自动拆卸和安装，保证定位精准、可靠度高。

弹匣式换电技术通过采用形似弹匣的安全舱从而得名，这项技术从蓄电池的内部结构、电芯采用的材料、蓄电池管理系统和冷却系统4个方面提高了动力电池的整体安全性。在整包针刺的试验中，并没有发生起火点和爆炸的现象。弹匣式换电技术核心表现在采用超高内热稳定电芯、快速降温三维冷却系统、超强隔热安全舱、全时管控的第五代管理系统。

任务二　交流充电系统故障诊断

任务目标

知识目标

1. 了解交流充电系统的结构。
2. 掌握交流充电系统的工作原理。
3. 掌握车载充电机的工作原理。

技能目标

具有检修交流充电故障的能力。

项目四 充电系统检修

姓名　　　班级　　　日期　　　　129

素养目标

1. 培养认真严谨、积极主动、安全生产、文明施工的工作态度。
2. 与小组成员、同学之间能合作交流、协调工作。
3. 严格按照工作方案操作，按计划完成工作任务。

任务框图

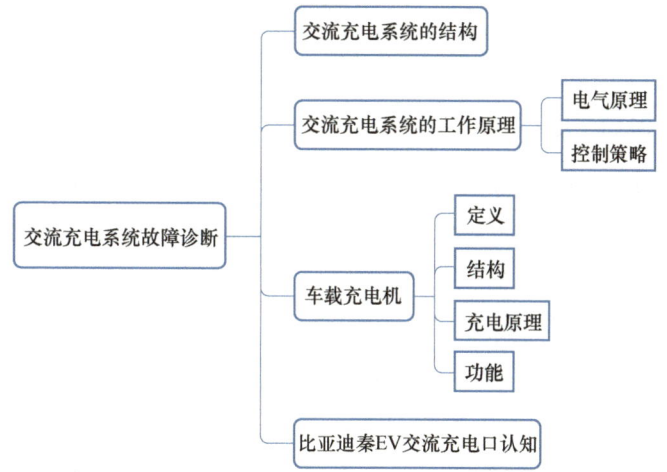

任务导入

一辆比亚迪秦 EV 在连接交流充电枪后，充电连接指示灯常亮，一直显示充电连接中。你作为一名助理工程师，要如何解决这个问题？

任务分组

学生任务分配表见表 4-2-1。

表 4-2-1　学生任务分配表

班　级		组　号		指导老师	
组　长		学　号			
组　员	姓名：_____ 学号：_____ 姓名：_____ 学号：_____ 姓名：_____ 学号：_____ 姓名：_____ 学号：_____		姓名：_____ 学号：_____ 姓名：_____ 学号：_____ 姓名：_____ 学号：_____ 姓名：_____ 学号：_____		
任　务　分　工					

（就组织讨论、工具准备、数据采集、数据记录、安全监督、成果展示等工作内容进行任务分工）

获取信息

❓ 引导问题 1：请查阅相关资料，简述交流充电系统的部件。

_____

_____

知识点提示

一、交流充电系统的结构

交流充电系统指电网输出给车辆的是交流电，可以是 AC 220V 单相交流电或 AC 380V 三相交流电。交流电通过标准充电插头和充电插座进入车载充电机，车载充电机把交流电转化为直流电后给动力电池充电，完成基本的交流充电。

交流充电的部件主要有车载充电机、交流充电插座（交流充电插座线束）、充电线、交流充电桩或 220V 交流电源和车辆控制器（VCU、BMS）等，如图 4-2-1 所示。

交流充电插座和车载充电机固定在车辆上，充电线随车配送，交流充电桩固定在停车场，各部件的作用如下：

1）车载充电机是交流充电系统的关键部件，它根据控制指令把交流电转化为直流电给蓄电池充电。

2）交流充电插座是国家标准件，是车辆连接外部电网的接口，其接口有 2 个信号回路、1 个接地回路、1 个中性线回路和 3 个相线回路，一共有 7 个接口，根据输入的电压是 AC 220V 或 AC 380V，应用相应的相线接口。

车载充电机

充电线

交流充电插座

交流充电桩

图 4-2-1　交流充电的组成

3）车辆控制器可实时监控车辆的状态并发出控制指令给车载充电机，使其正常工作或停止工作，控制其工作电流和电压等，是车辆充电的控制"大脑"。

4）充电线连接外部电网和车辆，直接给车载充电机提供 AC 220V 电源。其线缆上的功能盒可检测车辆和电网状态，连接或断开给车辆的供电，具有一定的保护功能。根据标准要求其输入的充电电流限制在 13A 以内，输入电压为 AC 220V，所以充电时，车载充电机的最大输入功率为 2860W，即充电时间会延长。

5）交流充电桩是车辆连接外部电网的部件，直接给车载充电机提供 AC 220V 或 AC 380V 电源。其具有检测车辆和电网状态，连接或断开车辆供电的功能。充电桩的供电电压有 AC 220V 和 AC 380V，根据充电桩的输出功率而定。根据标准要求，如交流充电桩的输出电流大于 32A 时，供电电压必须采用 AC 380V。因此采用交流充电桩充电时，充电功率较大，即充电时间会缩短。

引导问题 2：请查阅相关资料，简述交流充电系统的控制策略。

_____

_____

竞赛指南　在 2019 年中国技能大赛——全国新能源汽车关键技术技能大赛的新能源汽车检测、故障诊断与排除任务中，有一道题目就是要求参赛选手完成"车辆无法高压上电"现象的故障诊断与排除，并填写新能源汽车检测、故障诊断与排除工单。

知识点提示

二、交流充电系统的工作原理

1. 电气原理

交流充电总共有 3 种充电模式，分别为模式 1、模式 2 和模式 3。根据国家标准要求和充电安全，其中模式 1 严禁使用，下面以模式 2 为例进行介绍。模式 2 连接方式 C 的交流充电电路如图 4-2-2 所示。

根据标准要求，CC 信号是充电插头和充电插座是否连接的判断信号，同时车辆根据 CC 的信号值判断 RC 电阻值，确定线束的容量。CP 信号用来判断供

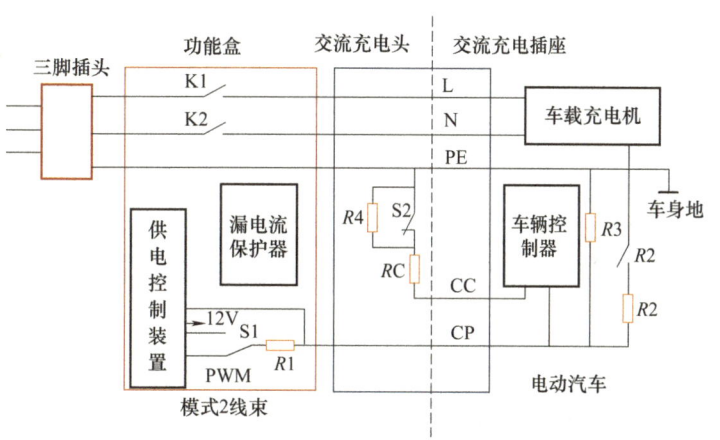

图 4-2-2　模式 2 连接方式 C 的交流充电电路

电设备的供电能力，通过 PWM 值确定。各电阻值和 PWM 值都必须满足标准要求，且控制器必须按照标准进行判断，以满足车辆在市场上的充电需求。

2. 控制策略

交流充电系统的控制策略既需要满足标准要求，又需要便于客户使用。

交流充电的控制策略如下：

1）车载充电机检测 CC 和 CP 信号，车载充电机可根据 CC 信号判断充电线的容量，根据 CP 信号判断供电设备的供电能力。

2）车辆处于休眠或停车状态时，当充电插头插上充电插座时，车载充电机检测到 CC 或 CP，自动唤醒。

3）车载充电机自动唤醒后，唤醒 VCU 和 BMS。

4）VCU 和 BMS 被唤醒后，开始进入交流充电模式并检测车辆状态（即车辆是否有故障、蓄电池是否满电）。

5）车载充电机反馈充电线束状态和供电设备信息给 BMS。

6）BMS 根据车载充电机反馈的信息和车辆的状态，发送开始充电或停止充电指令给车载充电机。

7）充电线或交流充电桩的供电控制装置，通过 CP 信号判断车辆状态，连接或断开 K1 和 K2（即连接或断开交流电的输入）。

8）车载充电机根据接收到的指令开始或停止工作，给车辆充电或停止充电进入休眠。

在整个充电的开始，车辆和交流充电桩（或充电线）都会先判断充电接口是否连接完好，车辆才会判断是否启动充电，所以必须插枪到位，这也是为了保证充电安全。在使用上，只需插枪无需执行其他操作，车辆随即进入充电模式，开始充电。在实际使用中，如果车辆在充电过程电网断电，车辆会自动进入休眠，减少自身的能耗；当来电时，车辆会自动唤醒并检测车辆状态，如果车辆未满电，则会继续充电，如果已满电，则会停止充电并进入休眠，减少能量消耗。

交流充电电流相对较小，有利于延长蓄电池的使用寿命，且不易过热和发生故障。直流充电虽然能更快地完成充电，但对车辆的蓄电池损伤较大，也易发生过热从而起火，因此建议车辆多采用交流充电模式，可有效延长蓄电池的使用寿命和减少事故发生。

车载充电机认知

❓ **引导问题 3**：请查阅相关资料，简述车载充电机的功能。

_____

_____

💡 知识点提示

三、车载充电机

1. 定义

车载充电机是固定地安装在汽车上的充电机，是用于控制和调整蓄电池充电的电能转换装置。

2. 结构

车载充电机由交流输入端口、功率单元、控制单元、低压辅助单元、直流输出端口等部分组成。充电过程中一般由车载充电机作为蓄电池管理系统、充电接触器、仪表盘、冷却系统等低压用电设备的电源。车载充电机连接示意图如图 4-2-3 所示。

（1）**输入端口** 输入接口一共 7 个 pin 口，三类连接，包括高压电源连接、高压中线、车辆底盘地、低压信号的充电连接确认和控制确认。标准的输入接口采用工频单相输入 AC 220V 电压。如果功率需要，也可以启用两个备用 pin 口（pin 口 NC1 和 pin 口 NC2），可以实现 AC 380V 输入。

（2）**控制单元** 控制单元主要用于采样输出电流和电压，经过处理后将实时值传递给 PID（一种闭环自动控制技术，是比例、积分、微分控制器的简称）控制回路，由控制器比较测量值与期望值之间的差距，再将调节要求传递给 PWM 回路（PWM 脉冲宽度调制技术），用脉冲宽度变化去控制高压回路中功率器件的开闭时间的长短，最终实现输出电流和电压尽量接近于主控系统要求的数值。

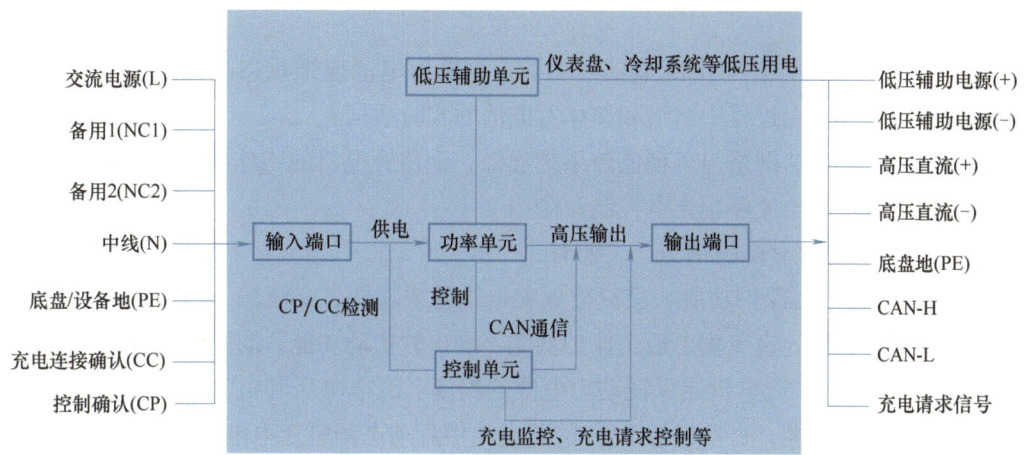

图 4-2-3　车载充电机连接示意图

（3）低压辅助单元　低压辅助单元是一个标准低压电源，输出电压为 12V 或者 24V，用于充电期间给电动汽车上的用电器供电，例如蓄电池管理系统、热管理系统、汽车仪表等。

（4）功率单元　功率单元一般包括输入整流、逆变电路和输出整流 3 个部分，它将输入的工频交流电转化成适合动力电池系统能够接受的适当电压的直流电。

（5）输出端口　输出端口包括低压辅助电源正、负极两个 pin 口、高压充电回路正、负极两个 pin 口、底盘地、通信线 CAN H 和 CAN L（还可以有 CAN 屏蔽）和充电请求信号线。其中，高压 pin 口与动力电池相连；充电请求信号线的作用是当充电机的输入端口与外部电源之间完成充电连接确认以后，通过"充电请求信号"线向车辆控制器发送充电请求信号，同时或延时一小段时间后，用低压辅助电源给整车供电。

3. 充电原理

当车载充电机接上交流电后，并不是立刻将电能输出给蓄电池，而是通过蓄电池管理系统先对蓄电池的状态进行采集分析和判断，进而调整充电机的充电参数。

车载充电机有两大部分：电源部分（主电路）和充电机控制主板（控制电路）。电源部分的主要作用是将 220V 交流电转化为 300V 的直流电。充电机控制主板主要有对电源部分进行控制、监测、计量、计算、修正、保护以及与外界网络通信等功能，是车载充电机的"中枢大脑"。车载充电机的工作原理如图 4-2-4 所示。

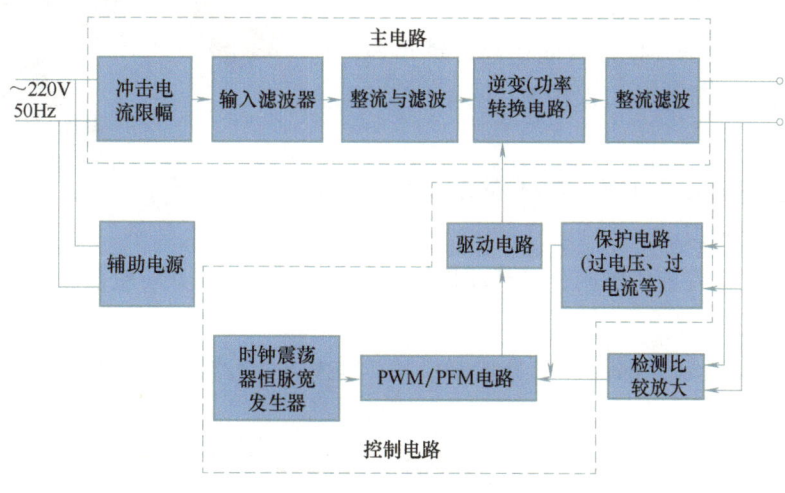

图 4-2-4　车载充电机的工作原理

4. 功能

1)具备高速 CAN 网络与 BMS 通信的功能,判断蓄电池连接状态是否正确;获得蓄电池系统参数、充电前和充电过程中整组和单体蓄电池的实时数据。

2)可通过高速 CAN 网络与车辆监控系统通信,上传充电机的工作状态、工作参数和故障警告信息,接受启动充电或停止充电控制命令。

3)能提供完备的安全防护措施,主要有:

① 交流输入过电压保护功能、交流输入欠电压警告功能、交流输入过电流保护功能、直流输出过电流保护功能、直流输出短路保护功能、输出软启动功能,防止电流冲击。

② 在充电过程中,充电机能保证动力电池的温度、充电电压和电流不超过允许值;具有单体蓄电池电压限制功能,自动根据 BMS 的蓄电池信息动态调整充电电流。

③ 自动判断充电插接器、充电电缆是否正确连接。当充电机与充电桩和动力电池正确连接后,充电机才允许启动充电过程;当充电机检测到与充电桩或动力电池连接不正常时,立即停止充电。

④ 充电联锁功能,保证充电机与动力电池连接分开以前车辆不能起动。

⑤ 高压互锁功能,当有危害人身安全的高电压时,模块锁定无输出。

⑥ 车载充电机具有阻燃功能。

> ❓ **引导问题 4**:请查阅相关资料,简述对比亚迪秦 EV 交流充电口的认知。
>
> _____
>
> _____

💡 知识点提示

四、比亚迪秦EV交流充电接口认知

比亚迪秦 EV 交流充电接口安装在车辆右侧后方,如图 4-2-5 所示。新能源汽车充电接口一般安装位置有正前、左前、左后、右后 4 种。

打开方式:首先需要使用智能钥匙解锁车辆,然后使用手掌按压交流充电接口保护盖(图 4-2-6),保护盖就会弹出来。

交流充电接口各端子(图 4-2-7)的定义及作用可参考前面所学理论知识。

图 4-2-5 交流充电接口安装位置

充配电总成安装在前机舱内,打开前机舱盖便可以看见(打开前舱盖需要在驾驶室内 2 次解锁前机舱盖开关)。

交流充电所关联到的部件有车身控制模块(BCM)、双路电继电器、蓄电池管理控制器(BMC)等。

车身控制模块(BCM,见图 4-2-8)是设计功能强大的控制模块,可实现离散的控制功能,对众多用电器进行控制。汽车 BCM 位于驾驶人侧座椅左上方的黑色盒子里。

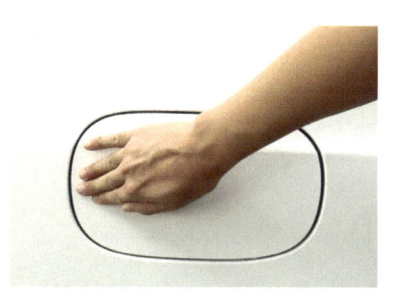

图 4-2-6　打开交流充电接口

图 4-2-7　交流充电接口各端子

双路电继电器（图 4-2-9）安装在前机舱配电盒内，其作用主要是通过控制低压电路的电流来控制高压电路的电流，起到开关电流的作用。

图 4-2-8　BCM

图 4-2-9　双路电继电器

蓄电池管理控制器（BMC）安装在辅助蓄电池下面。

工作计划

按照所学知识和小组内部讨论的结果，制订工作计划（表 4-2-2），包括资料查阅渠道的落实、任务实施中的内容分工等。

表 4-2-2　工作计划

步骤	工 作 内 容	负责人
1		
2		
3		
4		
5		

进行决策

1. 各组派代表阐述资料查询结果。
2. 各组就各自的查询结果进行交流并分享技巧。
3. 教师结合各组完成的情况进行点评，选出最佳方案。

任务实施

一、设备及工具准备

设备及工具准备见表 4-2-3。

表 4-2-3 设备及工具准备

序号	设备及工具名称	数量
1	比亚迪秦 EV	1 辆
2	交流充电枪	1 套
3	道通解码仪	1 台
4	万用表	1 套

二、场地设备准备

检查实训场地和设备设施是否清洁，是否存在安全隐患，配电箱、插排是否符合用电需求。如果不正常，应汇报教师后进行处理。

三、安全防护准备

1. 禁止在车辆上电高压情况下检查与更换蓄电池模块。
2. 禁止在带电状态下触碰任何带安全警示标志的部件。
3. 禁止徒手触摸任何橙色的线束。

四、实训记录

实训记录见表 4-2-4。

表 4-2-4 交流充电故障诊断（CP 故障）

序号	步骤	记录	完成情况
1	确认故障现象：车辆连接充电枪后，仪表充电连接指示灯亮，一直显示充电连接中		已完成□ 未完成□
2	车辆上电后，连接道通解码仪，进入到车载充电机模块读取数据流，保持此界面不动		已完成□ 未完成□
3	车辆不下电，连接充电枪，观察车载充电机 CP 的数据流变化，发现 CP 一直为 0%，异常		已完成□ 未完成□
4	检查充电枪的 CP 电压，拔下充电枪测量枪口端子 CP 对 PE 电压值，测量值为 12V，正常		已完成□ 未完成□
5	根据电路图检查：连接充电枪，在充配电总成侧测量端子 BK46/5 对搭铁电压，正常值为 8~12V，实际测量值为 0V，异常		已完成□ 未完成□
6	测量端子 BK46/5 到充电口端子 CP 电路电阻值，电阻值为无穷大，说明此电路存在断路		已完成□ 未完成□
7	故障恢复，车辆正常充电		已完成□ 未完成□

| 姓名 | | 班级 | | 日期 | | | |

项目四　充电系统检修

评价反馈

1. 各组代表展示汇报 PPT，介绍任务的完成过程。
2. 以小组为单位，对各组的操作过程与操作结果进行自评和互评，将结果填入表 4-2-5 中。

表 4-2-5　学生评价表

姓名			学号			班级			组别			
实训任务												
评价项目	分值	等级				评价对象（组别）						
		A	B	C	D	1	2	3	4	5	6	7	8
方案合理	20	20	15	10	5								
团队合作	20	20	15	10	5								
工作质量	20	20	15	10	5								
工作规范	20	20	15	10	5								
汇报展示	20	20	15	10	5								
合计	100	各组得分											
总结与反思													

（如：学习过程中遇到的问题→如何解决的 / 解决不了的原因→心得体会）

3. 教师对学生工作过程与工作结果进行评价，将评价结果填入表 4-2-6 中。

表 4-2-6　教师对学生评价表

姓名			学号	班级	组别		
实训任务							
评价项目				评价标准	分值	得分
考勤（10%）				无无故迟到、早退、旷课现象	10	
工作过程（60%）	知识目标		获取信息	掌握工作相关知识	10	
			进行决策	制订工作方案，方案合理可行	10	
	技能目标		任务实施	了解交流充电系统的结构	5	
				熟悉比亚迪秦 EV 车载充电机	5	
				能够完成交流充电故障诊断	10	
	素养目标		工作态度	认真严谨、积极主动、安全生产、文明施工	5	
			团队合作	与小组成员、同学之间能合作交流、协调工作	5	
			工作质量	严格按照工作方案操作，按计划完成工作任务	10	

（续）

评价项目		评价标准	分值	得分
项目成果 （30%）	工作完整	能按时完成工作任务的所有环节	10	
	工作规范	能在整个操作过程中规范操作，避免意外事故发生	10	
	汇报展示	能准确表达、汇报工作成果	10	
合计			100	
综合评价	学生评价（50%）	教师评价（50%）	综合得分	
综合评语	（作业过程中存在的问题及改进建议）			

任务三　直流充电系统故障诊断

任务目标

知识目标
1. 了解直流充电系统的结构。
2. 掌握直流充电系统的工作原理。
3. 掌握比亚迪秦 EV 直流充电系统的检测方法。

技能目标
具有检修直流充电负极接触器电路故障的能力。

素养目标
1. 培养认真严谨、积极主动、安全生产、文明施工的工作态度。
2. 与小组成员、同学之间能合作交流、协调工作。
3. 严格按照工作方案操作，按计划完成工作任务。

任务框图

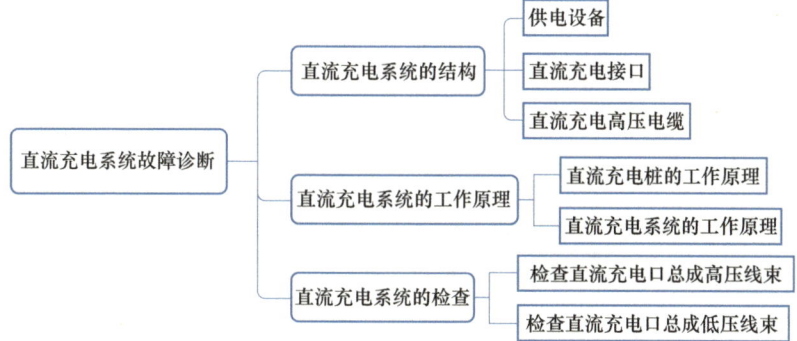

任务导入

一辆比亚迪秦 EV 汽车连接充电枪后，充电指示灯常亮，但车辆无法正常充电。作为一名助理工程师，你能解决这个问题吗？

任务分组

学生任务分配表见表 4-3-1。

表 4-3-1　学生任务分配表

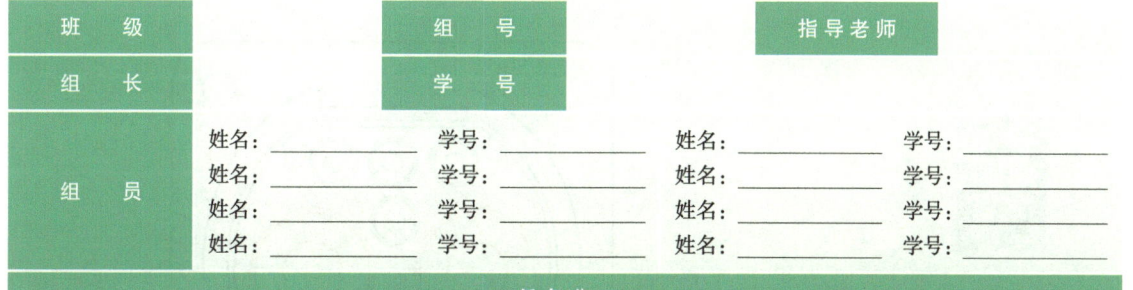

（就组织讨论、工具准备、数据采集、数据记录、安全监督、成果展示等工作内容进行任务分工）

获取信息

❓ 引导问题 1：请查阅相关资料，简述直流充电系统的组成。

_____

_____

直流充电系统认知

职业认证

在交通运输部职业资格中心 2022 年 7 月发布的《新能源汽车检测维修专业能力评价标准》中，有涉及新能源汽车充电系统的部分，充电口的端子定义是其中的考核重点之一。通过新能源汽车检测维修专业能力评价考试可获得由交通运输部职业资格中心颁发的交通运输专业能力评价合格证书。

知识点提示

一、直流充电系统的结构

在直流充电模式下，充电系统主要由供电设备、直流充电接口、直流充电高压电缆、高压电控总成、动力电池等组成。

1. 供电设备

直流充电系统的供电设备是直流充电桩，直流充电桩的功能类似于加油站里面的加油机，直流充电桩（图 4-3-1）的输入端与交流电网 380V 三相交流电直接连接，其内部直接将高压交流电转化为高压直流电，输出端装有充电枪用于连接直流充电口。

2. 直流充电接口

（1）**直流充电接口** 通过直流充电桩的直流充电接口可将高压直流电供给动力电池充电。直流充电接口的结构如图 4-3-2 所示。

图 4-3-1 直流充电桩

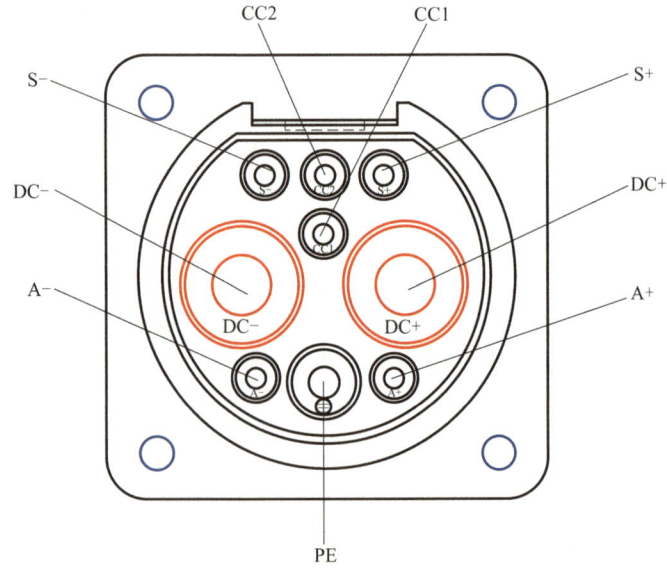

图 4-3-2 直流充电接口的结构

DC−：高压输出负极，经过高压控制盒快充负继电器，输出到动力电池高压负极。

DC+：高压输出正极，经过高压控制盒快充正继电器，输出到动力电池高压正极。

PE（GND）：车身搭铁，接车身。

A−：低压辅助电源负极，接蓄电池负极。

A+：低压辅助电源正极，为 12V 快充唤醒信号。

CC1：直流连接确认线，属内部电路，CC1 与 PE 之间有一个 1000Ω 的电阻。

CC2：直流连接确认线。

S+：直流 CAN H，与 BMS 及数据采集终端通信。

S-：直流 CAN L，与 BMS 及数据采集终端通信。

（2）**直流充电口端子**　直流充电口端子测量见表 4-3-2。

表 4-3-2　直流充电口端子测量

1~A-（辅助电源负极）	4~CC1（车身地）1kΩ±30Ω
2~A+（辅助电源正极）	5~S-（CAN L）
3~CC2（直流充电感应信号）	6~S+（CAN H）

3. 直流充电高压电缆

直流充电高压电缆是连接直流充电接口到高压电控总成之间的线束，如图 4-3-3 所示。

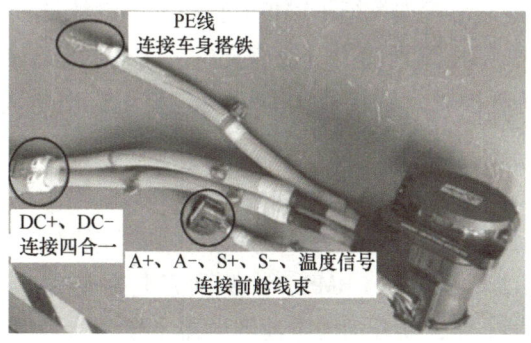

图 4-3-3　直流充电高压电缆

> **引导问题 2**：请查阅相关资料，简述直流充电系统的工作原理。
> _____
> _____

知识点提示

二、直流充电系统的工作原理

由于电网中的 380V 交流电无法直接对动力电池输入，所以在直流充电的过程中输入电动汽车的高压直流电是经过直流充电桩转换整流的。直流充电桩由输入整流装置、输入控制装置、输出控制装置和充电管理装置等组成，其系统框图如图 4-3-4 所示。

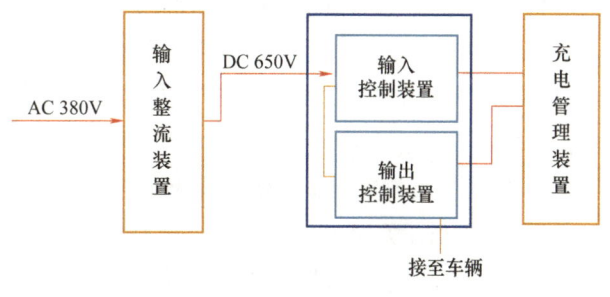

图 4-3-4　直流充电系统框图

1. 直流充电桩的工作原理

电网中380V交流电通过脉冲宽度调制（PWM）整流装置进行整流、滤波后，形成稳定的直流母线电压（650V）提供给后级输出控制装置，为输出控制装置提供动力电源。

直流输入控制装置的数据通信模块（DCM）对直流电能计量并控制直流供电系统起到安全防护作用。直流输出控制装置（PUM）与蓄电池管理系统（BMS）通信，进行DC/DC功率变换，输出动力电池所需电压、电流，用户可通过直流充电管理装置进行人机交互，实现身份识别、费用收取、票据打印、数据管理、控制充电电量等。

2. 直流充电系统的工作原理

（1）**直流供电**　车辆直流充电口连接到直流充电桩，直流充电桩通过充电枪为电动汽车提供高压直流电源。

（2）**充电唤醒**　充电枪连接到车辆快速充电接口，整车控制器（VCU）通过充电连接确认线CC判断快速充电接口是否正确连接。如果判断已正确连接后，启用唤醒电路将车辆内部的充电系统电路和部件唤醒。

（3）**检测充电需求**　蓄电池管理系统（BMS）检测动力电池是否需要进行充电。

（4）**发送充电指令**　如果检测到动力电池有充电需求时，整车控制器（VCU）通过输出高压接触器接通指令到高压控制盒，接通动力电池与直流充电桩间的高压电路，开始进行充电。

（5）**充电过程**　充电过程中，整车控制器（VCU）向仪表输出充电显示信息，外部供电设备的高压直流电通过直流充电桩储蓄到动力电池。

（6）**充电停止**　蓄电池管理系统（BMS）检测到充电完成后，给整车控制器（VCU）发送指令，快速充电系统停止工作，断开动力电池继电器，充电结束。

> ❓ 引导问题3：请查阅相关资料，简述直流充电系统检测方法。
> _____
> _____

直流充电口电路故障检测

💡 知识点提示

三、直流充电系统的检查

1. 检查直流充电口总成高压线束

1）拔出直流充电口总成的高压插接件，如图4-3-5所示。

2）测试正、负极电缆是否导通，如图4-3-6所示。

若以上测试情况正常，则进行下步检查；如果测试情况不正常，则更换直流充电口。

2. 检查直流充电口总成低压线束

1）将起动开关置于OFF位置。

2）拔出蓄电池管理器低压插接件BMC02。

3）用万用表检查蓄电池管理器插接件BMC02与充电口端子的标准电阻值（表4-3-3）。

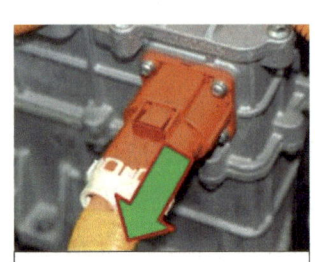
按下开关按钮，向外拔出插接器

图4-3-5　拔出高压插接件

图 4-3-6　测试正、负极电缆的导通性

表 4-3-3　测量位置及对应的标准电阻值

测量位置	标准电阻值
BMC02-04（B04）~CC2（直流充电感应信号）	<1Ω
BMC02-14（B14）~S+（CAN H）	<1Ω
BMC02-20（B20）~S−（CAN L）	<1Ω
1（A1）~A−（辅助电源负极）	<1Ω
2（A2）~A+（辅助电源正极）	<1Ω
CC1~ 车身地	1kΩ ± 30Ω

若以上测量结果正常，则可继续进行其他检查；如果测量结果不正常，则更换直流充电口总成低压线束。

工作计划

按照所学知识和小组内部讨论的结果，制订工作计划（表 4-3-4），包括资料查阅渠道的落实、任务实施中的内容分工等。

表 4-3-4　工作计划

步骤	工作内容	负责人
1		
2		
3		
4		
5		

进行决策

1. 各组派代表阐述资料查询结果。
2. 各组就各自的查询结果进行交流并分享技巧。
3. 教师结合各组完成的情况进行点评，选出最佳方案。

任务实施

一、设备及工具准备

设备及工具准备见表 4-3-5。

表 4-3-5　设备及工具准备

序号	设备及工具名称	数　　量
1	比亚迪秦 EV	1 辆
2	直流充电枪	1 套
3	道通解码仪	1 台
4	万用表	1 套

二、场地设备准备

检查实训场地和设备设施是否清洁，是否存在安全隐患，配电箱、插排是否符合用电需求。如果不正常，应汇报教师后进行处理。

三、安全防护准备

1. 禁止在车辆上电高压情况下检查与更换蓄电池模块。
2. 禁止在带电状态下触碰任何带安全警示标志的部件。
3. 禁止徒手触摸任何橙色的线束。

四、实训记录

实训记录见表 4-3-6。

表 4-3-6　直流充电故障（直流充电负极接触器电路故障）

序号	步　骤	记　录	完成情况
1	确认故障现象：车辆连接充电枪后，仪表提示充电指示灯亮，车辆无法正常充电		已完成□ 未完成□
2	车辆上电后，连接道通解码仪，进入到蓄电池管理系统模块读取数据流，保持此界面不动		已完成□ 未完成□
3	车辆不下电，连接直流充电枪，观察直流充电接触器数据流变化		已完成□ 未完成□
4	断开直流充电枪，根据电路图：检查接触器供电 12V、直流充电正极接触器控制信号、直流充电负极接触器控制信号		已完成□ 未完成□
5	检查接触器供电 12V：测量端子 BK46/8 对搭铁电压，正常值为 12V，实际测量值为 12V，正常		已完成□ 未完成□
6	检查直流充电正极接触器控制信号：测量端子 BK45A/33 对搭铁电压，正常值为 12V，实际测量值为 12V，正常		已完成□ 未完成□
7	检查直流充电正极接触器控制信号：测量端子 BK45A/24 对搭铁电压，正常值为 12V，实际测量值为 0V，异常		已完成□ 未完成□
8	测量端子 BK45A/24 到 BK46/10 电路电阻值，实际测量值为无穷大，异常，说明端子 BK45A/24 到 BK46/10 电路存在断路		已完成□ 未完成□

姓名		班级		日期	

评价反馈

1. 各组代表展示汇报 PPT，介绍任务的完成过程。
2. 以小组为单位，对各组的操作过程与操作结果进行自评和互评，将结果填入表 4-3-7 中。

表 4-3-7　学生评价表

姓名				学号			班级			组别			
实训任务													
评价项目	分值	等级				评价对象（组别）							
		A	B	C	D	1	2	3	4	5	6	7	8
方案合理	20	20	15	10	5								
团队合作	20	20	15	10	5								
工作质量	20	20	15	10	5								
工作规范	20	20	15	10	5								
汇报展示	20	20	15	10	5								
合计	100	各组得分											
总结与反思													

（如：学习过程中遇到的问题→如何解决的 / 解决不了的原因→心得体会）

3. 教师对学生工作过程与工作结果进行评价，将评价结果填入表 4-3-8 中。

新能源汽车动力电池及管理系统检修

| 姓名 | | 班级 | | 日期 | |

表4-3-8 教师对学生评价表

姓名		学号		班级		组别	
实训任务							
评价项目			评价标准			分值	得分
考勤（10%）			无无故迟到、早退、旷课现象			10	
工作过程（60%）	知识目标	获取信息	掌握工作相关知识			10	
		进行决策	制订工作方案，方案合理可行			10	
	技能目标	任务实施	熟悉比亚迪秦EV直流充电系统的电路			5	
			熟悉比亚迪秦EV直流充电系统接触器信号的检测方法			5	
			能够完成直流充电负极接触器电路故障的诊断			10	
	素养目标	工作态度	认真严谨、积极主动、安全生产、文明施工			5	
		团队合作	与小组成员、同学之间能合作交流、协调工作			5	
项目成果（30%）		工作质量	严格按照工作方案操作，按计划完成工作任务			10	
		工作完整	能按时完成工作任务的所有环节			10	
		工作规范	能在整个操作过程中规范操作，避免意外事故发生			10	
		汇报展示	能准确表达、汇报工作成果			10	
合计						100	
综合评价			学生评价（50%）		教师评价（50%）	综合得分	
			（作业过程中存在的问题及改进建议）				
综合评语							

情智课堂

深挖"车轮上的矿山"，让退役动力电池变废为宝

作为新能源汽车动力电池的重要组成部分，锂的价格在2022年5月比2021年年初高出7倍，钴价涨了一倍多，镍价几乎涨了一倍。

当上游原材料价格的凶猛涨势接连袭来，加上近年来中国新能源汽车市场迅速增长所带来的巨大保有量，废旧动力电池回收行业迎来快速增长，被称为"车轮上的矿山"，甚至出现了"废料贵过新货"的奇特场景。

中国汽车技术研究中心的统计数据显示，2020年，国内汽车动力电池累计退役量达到20万吨，市场规模达到100亿元；到2025年，需要妥善回收、处理的动力电池预计将达到78万吨。根据市场调研机构SNE Research的预测，2023年全球动力电池缺口将达到18%左右，到2025年，这一缺口可能扩大到约40%。

动力电池原材料等自然资源日益减少，相关大宗商品价格高企。在此背景下，我们尤其需要贯彻循环理念，增加再利用材料的使用，减少对珍稀原材料的依赖，降低原材料采购成本，实现生态效益与经济效益的最大化。

2022年5月，宝马集团宣布与浙江华友循环科技有限公司（以下简称华友循环）展开合作，联合打造动力电池材料闭环回收与梯次利用的创新合作模式。双方的合作致力于实现国产电动汽车动力电池原材料闭环回收，并将分解后的原材料（例如镍、钴、锂等）提供给宝马的电池供应商，用于生产全新动力电池。

据了解，废旧动力电池的回收利用主要分为梯次利用、拆解回收再利用两种方式。对于剩余容量较高的退役动力电池可优先遵循梯次利用原则，继续应用于储能及低速电动车等领域；对于不符合梯次利用标准的废旧电池，可遵循拆解回收再利用原则进行拆解、粉碎、筛选，提取动力电池中的镍、钴、锂等核心原材料用于动力电池生产。

值得注意的是，动力电池中含有镍、钴、锂等多种重金属元素，同时电解液本身或其转化产物中含有有害物质。因此，当动力电池进入退役期后，一旦不能妥善处理，就极有可能造成难以逆转的环境污染，同时会浪费大量宝贵的原材料资源。

根据协议，宝马与华友循环将合作对动力电池进行拆解，并通过华友循环先进的绿色冶金技术，高比例提炼动力电池中镍、钴、锂等核心原材料。

值得注意的是，与原先动力电池拆解回收再利用方式不同的是，这套动力电池材料闭环回收模式可实现高比例提炼核心原材料，并100%返回到宝马自有供应链体系，再次用于宝马新能源车型动力电池的生产制造，从而实现动力电池原材料的闭环管理，以及对贵金属等稀有资源的循环利用。此种方式将退役动力电池的剩余价值充分发挥，动力电池原材料开采及生产环节所产生的碳排放也将大幅降低。这对于保护生态环境、提高资源综合利用率都具有十分重要的意义。

2021年8月，工业和信息化部、科技部、生态环境部、商务部、市场监管总局印发了《新能源汽车动力蓄电池梯次利用管理办法》的通知，强调要加强新能源汽车动力蓄电池梯次利用管理，提升资源综合利用水平，保障梯次利用电池产品的质量。2022年以来，工业和信息化部等相关部门表示，要健全动力电池回收利用体系，支持高效拆解、再生利用等技术攻关，不断提高动力电池回收比率和资源利用效率。

对于年产能约占全球70%，正在迈向"从有到优"的中国动力电池行业来说，做好动力电池的梯次利用和拆解回收，科学开发"车轮上的矿山"将是接下来的重要课题。

项目五
动力电池热管理系统检修

任务一 动力电池热管理系统认知

任务目标

知识目标
1. 了解引起动力电池热失控的因素及其危害。
2. 了解动力电池冷却系统。
3. 了解动力电池加热系统。

技能目标
具有辨识动力电池热管理系统主要组成部件的能力。

素养目标
1. 培养认真严谨、积极主动、安全生产、文明施工的工作态度。
2. 与小组成员、同学之间能合作交流、协调工作。
3. 严格按照工作方案操作,按计划完成工作任务。

任务框图

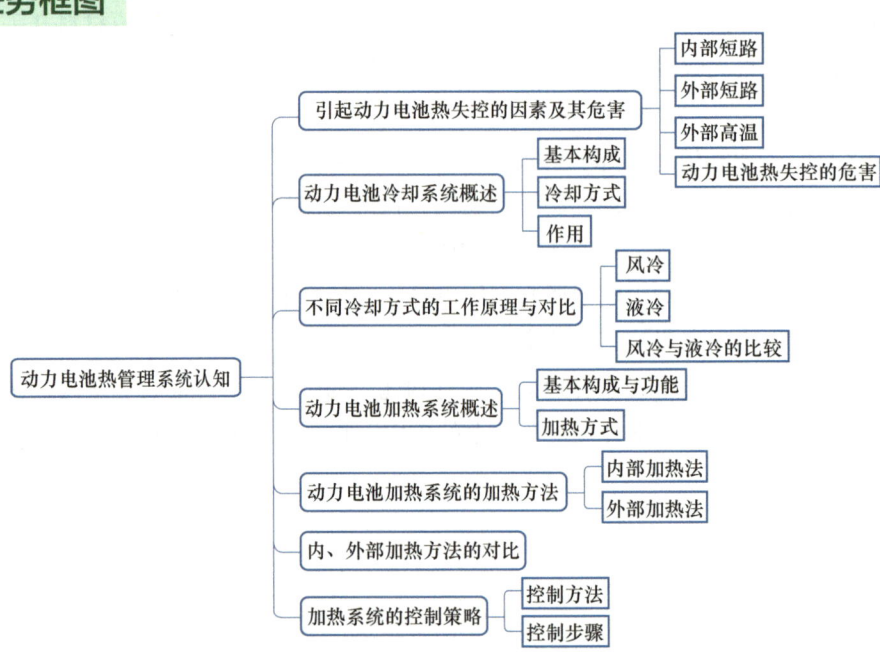

姓名	班级	日期

项目五 动力电池热管理系统检修

📥 任务导入

　　一位客户想要购买一辆电动汽车，他来到 4S 店，想要了解电动汽车对夏季高温和冬季低温环境的适应情况。作为一名销售顾问，请你为客户介绍动力电池热管理系统的基本知识。

👥 任务分组

学生任务分配表见表 5-1-1。

表 5-1-1　学生任务分配表

班　级		组　号		指导老师	
组　长		学　号			
组　员	姓名：_____ 学号：_____ 姓名：_____ 学号：_____ 姓名：_____ 学号：_____ 姓名：_____ 学号：_____			姓名：_____ 学号：_____ 姓名：_____ 学号：_____ 姓名：_____ 学号：_____ 姓名：_____ 学号：_____	
任务分工					

（就组织讨论、工具准备、数据采集、数据记录、安全监督、成果展示等工作内容进行任务分工）

🌐 获取信息

❓ **引导问题 1**：请查阅相关资料，简述引起动力电池热失控的因素。

_____

_____

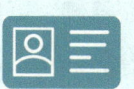

职业认证

　　电动汽车高电压系统评测与维修职业技能等级要求中的动力电池总成热管理系统检查与拆装任务就涉及对电动汽车动力电池热管理系统功能和主流类型结构的认知。通过电动汽车高电压系统评测与维修职业技能等级考核可获得教育部 1+X 证书中的"电动汽车高电压系统评测与维修职业技能等级证书"。

知识点提示

一、引起动力电池热失控的因素及其危害

引起动力电池热失控的因素主要有内部短路、外部短路和外部高温。

1. 内部短路

由于动力电池的滥用，过充电和过放电导致的支晶、动力电池生产过程中的杂质和灰尘等将刺穿隔膜，产生微短路，而电能量的释放导致温升，温升带来的材料化学反应又扩大了短路路径，形成了更大的短路电流，这种互相累积、互相增强的破坏，导致热失控。下面以钴酸锂离子蓄电池为例，简述一个典型热失控过程。

（1）**准备阶段** 内部短路准备阶段，动力电池处于满电状态。

（2）**发生阶段** 内部短路发生，大电流通过短路点而产生热量并通过 LiC_6 热扩散，达到 SEI 膜（固体电解质界面膜）分解温度时，SEI 膜开始分解，放出少量气体，壳体轻微鼓胀，随着短路位置的不断放电，蓄电池的温度不断上升，电解液中链状溶剂开始分散，LiC_6 与电解液开始反应放热，伴随着 $C_2H_5F/C_3H_6/C_3H_8$ 产生，但反应较慢，放热量较小。

（3）**温度升高阶段** 随着放电的进行，短路位置温度继续升高，隔膜局部收缩融化，短路位置扩大，温度进一步升高。当内部温度达到 $LiO \cdot 5CoO_2$ 的分解温度时，正极瞬间分解并释放 O_2，后者于电解液瞬间反应放出大量热量，同时放出大量 CO_2 气体，造成蓄电池内压增大，如果压力足够大，将冲破蓄电池壳体，引起蓄电池爆炸。

（4）**升温速率较慢阶段** 如果壳体炸开，极片散落，温度不会继续升高，反应终止；如果壳体只开裂，极片没有散落，这时 LiC_6 继续与电解液反应，温度会继续升高，但升温速率下降，由于反应速率较慢，所以可以维持较长时间。

（5）**降温阶段** 当蓄电池内部反应的产热速率小于散热速率时，蓄电池开始降温，直至内部反应完毕。

2. 外部短路

实际车辆运行中发生危险的概率很低，一是整车系统装配有熔丝和蓄电池管理系统（BMS），二是蓄电池能承受短时间的大电流冲击。极限情况下，短路点越过整车熔断器，同时 BMS 失效，较长时间的外部短路一般会导致电路中的连接薄弱点烧毁，很少导致蓄电池发生热失控事件。现在，比较多的企业的蓄电池管理系统采用了回路中加熔丝的做法，能有效地避免外短路引发的危害。

3. 外部高温

由于锂电池结构的特性，高温下 SEI 膜、电解液、EC 等会发生分解反应，电解液的分解会与正极、负极发生反应，蓄电池隔膜将融化分解，多种反应导致大量热量产生。隔膜融化导致内部短路，电能量的释放又增大了热量的产生。这种累计的互相增强的破坏作用会导致蓄电池防爆膜破裂，电解液喷出，发生燃烧起火。

三元锂离子蓄电池相比磷酸铁锂离子蓄电池，正极材料容易发生分解反应从而释氧，更加快速地发生热失控。以钴酸锂离子蓄电池为例，达到一定温度时，正极瞬时分解释氧，导致快速发生热失控，极易燃烧。

L_iPF_6 不稳定，在加热或较高温度下就会分解，而 PF_5 是呈强酸性的高活性物质，其能使碳酸酯类溶剂热稳定性降低并与之反应，在分解的气体产物中，CH_3CH_2F 是该反应的特征

产物。

4. 动力电池热失控的危害

动力电池作为电动汽车"三电"之一，是电动汽车的驱动核心，在电动汽车的推广和使用安全性上起着至关重要的作用，广大用户对其储电能力与环境适应能力的要求在不断提高。

通常选用锂离子蓄电池作为汽车的动力电池，锂离子蓄电池有着比能量高、使用安全、循环寿命较高、自放电率低、可长时间储存等优势；但是锂离子蓄电池在低温或者高温情况下的使用仍暴露出许多的缺点。

在低温环境下蓄电池的电量储存能力与放电功率被严重削减，蓄电池容量、开路电压会急剧下降，严重影响了蓄电池的使用性能。甚至电动汽车长时间放置在极端低温情况下，会造成动力电池电解液的结晶，出现电动汽车无法起动的现象。若强行充放电，会有刺穿蓄电池隔膜、提高动力电池提前报废机率的风险，影响了电动汽车整个动力电池的使用寿命，给用户造成极大地经济负担和安全隐患。

在高温环境下动力电池表面温度较高，如果再进行充、放电，动力电池的温度很容易超过动力电池本身承受能力的上限，这就极大地增加了动力电池热失控导致电动汽车自燃起火的风险。图 5-1-1 所示为电动汽车在行驶过程中发生自燃，最终将整辆车完全烧毁。如果动力电池长期在高温下工作，会使得动力电池内部加速老化最终影响动力电池组的整体使用寿命。为提高在低温和高温环境下动力电池的使用安全性能，需要对动力电池采取合理的热管理方式进行升温或者降温热管理。

图 5-1-1　电动汽车在行驶过程中发生自燃

❓ **引导问题 2**：请查阅相关资料，简述动力电池冷却系统的基本构成。

❓ **引导问题 3**：请查阅相关资料，简述动力电池冷却系统的作用。

职业认证　在交通运输部职业资格中心 2022 年 7 月发布的《新能源汽车检测维修专业能力评价标准》中，有涉及动力电池基本组成结构及工作原理的部分，动力电池热管理系统的结构与工作原理是其中的考核重点之一。通过新能源汽车检测维修专业能力评价考试可获得由交通运输部职业资格中心颁发的交通运输专业能力评价合格证书。

知识点提示

二、动力电池冷却系统概述

1. 基本构成

冷却系统是动力电池热管理系统中最重要的组成部分。由于目前技术瓶颈的限制，动力电池工作的环境温度要满足特定的要求，譬如磷酸铁锂离子蓄电池的一般环境温度为 -20~60℃。动力电池在充、放电过程中会不断地产生热量，动力电池系统内部温度很容易超过这一范围，因此一般的动力电池系统都需要引入冷却系统。

电动汽车冷却系统（无论是空冷系统，还是液冷系统）由冷却动力部件、传递路径、接头件、密封件、其他附件等部分组成。

（1）**冷却动力部件**　电动汽车动力电池的风冷系统动力部件主要是风机或风扇；电动汽车动力电池的液冷系统动力部件是水泵。

（2）**传递路径**　动力电池的传递路径是指冷却系统介质流经的路径，风冷系统主要传递路径由风管组成，液冷系统主要传递路径由水管组成。

（3）**接头件**　动力电池冷却传递路径不可避开地存在分叉，这些分叉部位需要接头件进行连接。

（4）**密封件**　冷却系统的密封件通常安装在进、出风口或液体位置。

（5）**其他附件**　冷却系统的其他附件主要是组成冷却系统的一些必备连接件、防尘件、卡环等。

2. 冷却方式

根据冷却介质的不同，冷却系统通常可分为空气冷却、液体冷却和相变冷却3种冷却方式。这3种冷却方式的散热能力是依次增强的，同时冷却系统的结构复杂度也依次增加。由于相变冷却成本比较高，考虑到降低成本的因素，目前工程技术上常采用空气冷却和液体冷却两种方式。

除了根据冷却介质区分冷却系统以外，冷却系统常常分为主动冷却和被动冷却两种形式。通常被动冷却系统直接将动力电池内部的热空气排出车体，而主动冷却系统通常具有一个内循环系统，并且根据动力电池内部的温度进行主动调节，以达到最大散热能力。一般而言，被动冷却形式具有结构简单、零部件数量少、成本低等优点，被广泛用于动力电池冷却系统设计中。

3. 作用

动力电池冷却系统的作用是对动力电池进行冷却。动力电池热管理系统通过对动力电池冷却或加热，保持动力电池较佳的工作温度，以改善其运行效率并延长动力电池的使用寿命。在低温环境下，需要对动力电池进行加热处理，以提高运行效率；在高温环境下，需要对动力电池进行冷却处理，以保持运行效率。

动力电池冷却系统冷却形式有空调制冷剂冷却式、水冷式和风冷式3种。不同的冷却系统有相对应的冷却组件：风冷系统主要部件为风机，液冷系统主要部件为冷却板。在电动汽车中，冷却主要分为两部分：一是对动力系统的驱动电机、车辆控制器和 DC/DC 等部件冷却，二是对供电系统的动力电池和车载充电器冷却。

> **引导问题4**：请查阅相关资料，简述风冷式冷却系统的优点和缺点。

_____

_____

引导问题 5：请查阅相关资料，简述液冷式冷却系统的优点和缺点。

_____

_____

竞赛指南　在 2019 年中国技能大赛——全国新能源汽车关键技术技能大赛的理论知识竞赛中，汽车电动化的组卷占比为 60%，汽车电动化模块的出题范围就包括了动力电池系统热管理的主要类型（风冷、空冷、液冷等）判断。

知识点提示

三、不同冷却方式的工作原理与对比

1. 风冷

国内、外电动汽车动力电池的冷却方式主要有以下几种：空气冷却、液体冷却和热管冷却。目前空气冷却方式仍然是采用的主要方法，空气冷却比较容易实现，但冷却效果不佳，风冷散热通风方式一般有串行、并行和混行 3 种，分别如图 5-1-2、图 5-1-3 和图 5-1-4 所示。

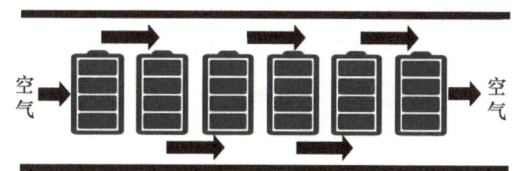

图 5-1-2　串行通风

图 5-1-3　并行通风

图 5-1-4　混行通风

在串行通风方式下，冷空气从左侧进入、从右侧排出。空气在流动过程中不断被加热，所以右侧的冷却效果比左侧要差，蓄电池箱内蓄电池模块温度从左到右逐渐升高，蓄电池模块内温差比较大，流行路径越长，温差越大。

并行通风方式使得空气更均匀分布，但需要对进、排风通道、蓄电池布置位置进行很好的设计。该楔形的进、排气通道使得不同模块间隙上、下的压力基本保持一致，确保了吹过不同蓄电池模块的空气流量的一致性，从而保证了蓄电池组温度场分布的一致性。目前大部分风冷系统采用了此结构。

动力电池系统在应用过程中除了蓄电池自身产热外，蓄电池之间的连接电阻产生的热量也是重要的热量来源，并且这部分过热会带来其他比较严重的后果（如连接松动等）。对于这种情况，采用混行通风方式可以对局部产热进行重点冷却，系统内各蓄电池的温度分布得更加均匀。

2. 液冷

液体冷却介质起到的作用只是一种热量交换，即将动力电池产生的热量传递到液体中，液

体温度升高，并不能将产生的热量排出去，必须经过其他的热交换措施（如热交换器、车辆的空调系统等）。同时，液体的流动必须在一定的压力下才能进行，所以要考虑使用泵来进行加压，加快液体的流动。液/空冷却模式和液/液冷却模式分别如图5-1-5~图5-1-7所示。

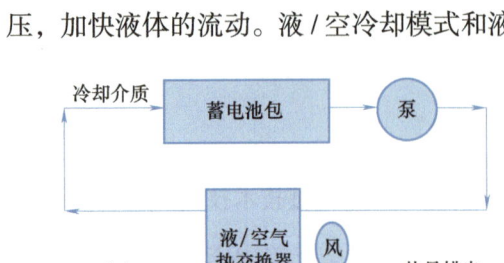

图 5-1-5　液/空冷却模式

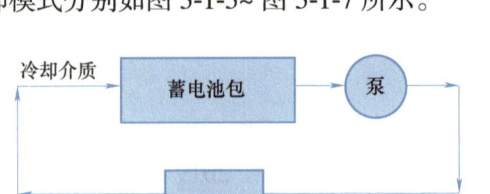

图 5-1-6　液/液冷却模式 a

液体冷却有较好的冷却效果，而且可以使动力电池的温度分布均匀，但是液体冷却对动力电池的密封性有很高的要求，如果采用水这类导电液体，需用水套将液体和单体蓄电池隔开，这样不仅增加了系统的复杂性而且降低了冷却效果。

一般冷却系统都是安装在蓄电池模块附近，原理和空调的制冷原理相似，冷却系统通过管路和单个蓄电池模块相连，管路里循环流动冷却液（一般是乙二醇），将单个蓄电池模块的热量带走，冷却系统将乙二醇制冷，多余热量通过风扇排到外界，而乙二醇再次循环进入蓄电池模块，继续吸收蓄电池散发的热量。蓄电池液冷系统内部结构如图5-1-8所示。

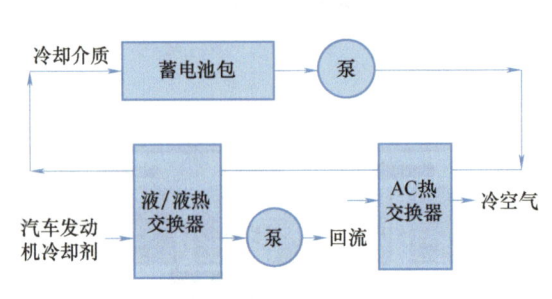

图 5-1-7　液/液冷却模式 b

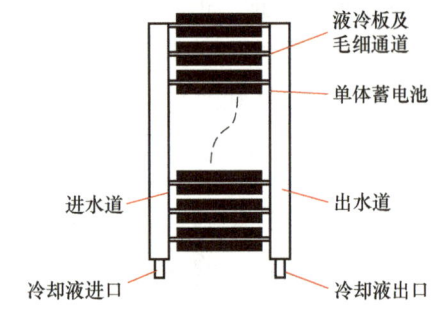

图 5-1-8　蓄电池液冷系统内部结构

3. 风冷与液冷的比较

动力电池冷却系统的风冷与液冷各有其特点，其比较见表5-1-2。

表 5-1-2　风冷与液冷的比较

项目	风冷	液冷
优点	结构简单，重量相对较轻 没有发生漏液的可能 有害气体产生时能有效通风 成本较低	传热更有效 蓄电池模块温度均匀性好 可与车辆冷却系统整合在一起 与蓄电池壁面间的热交换系数高，冷却、加热速度快 体积小
缺点	空气在蓄电池组内的分布复杂 与蓄电池壁面间的热交换系数低，冷却、加热速度慢 吸入的空气必须滤清尘和土 受环境温度影响大	存在液漏可能 重量相对较大 维修和维护复杂 需要水套、热交换器等部件，结构复杂

❓ **引导问题 6**：请查阅相关资料，简述动力电池加热系统的作用。

_____

_____

💡 知识点提示

四、动力电池加热系统概述

1. 基本构成与功能

（1）**基本构成**　动力电池加热系统保证蓄电池在低温环境下能够正常充电。加热系统主要由加热元件和电路组成，其中加热元件是最重要的部分。常见的加热元件有可变电阻加热元件和恒定电阻加热元件，前者通常称为 PTC，后者通常是由金属加热丝组成的加热膜，例如硅胶加热膜、挠性电加热膜等。由于汽车地域适用性较为广泛，在寒冷地区要使电动汽车能正常使用必须对蓄电池配备额外的加热系统以满足要求。

（2）**功能**　PTC 由于使用安全、热转换效率高、升温迅速、无明火、自动恒温等特点而被广泛使用。其中陶瓷 PTC 元件较为常用，其成本较低，这对于目前价格较高的动力电池来说，是一个有利的因素。陶瓷 PTC 元件通常不能直接用于加热，而需要设计金属外壳体，陶瓷 PTC 通过加热外壳体而将热量传导给其他结构。

使用陶瓷 PTC 作为加热元件的缺点也很明显。首先，包含 PTC 的加热元件体积较大，会占据蓄电池系统内部较大的空间。其次，PTC 的外壳是金属件，会存在绝缘问题。除了常规的陶瓷 PTC 这类相对硬度较高的材质，还存在一类柔性 PTC。柔性 PTC 的组织结构柔软、重量轻、厚度小（通常可做到 0.5mm 以下），它可以根据需要做成任何形状。这类 PTC 广泛地用于汽车坐垫加热，目前也正逐步在蓄电池加热中使用。这类 PTC 加热器的成本会相对较高。绝缘挠性电加热膜是另一种加热器，它可以根据工件的任意形状弯曲，确保与工件紧密接触，保证最大的热能传递，并且其厚度可以达到 0.25mm 左右。硅胶加热器具有柔性的薄形面发热体，它在上、下两片玻璃纤维布中夹入硅胶后压制而成，具有良好的传热性。由于具有柔性，它可以与被加热物体完全密切接触。这两种加热器都属于恒定电阻加热器，其安全性比 PTC 差些。

2. 加热方式

热管理系统按照是否有内部加热装置或制冷装置分为被动式和主动式。图 5-1-9~ 图 5-1-11 为空气加热与散热主动、被动结构示意图。

图 5-1-9　被动加热与散热——外部空气流通

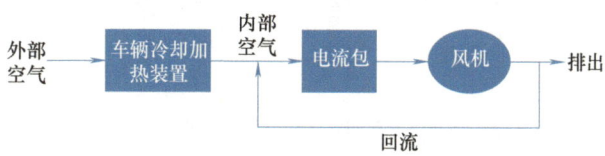

图 5-1-10　被动加热与散热——内部空气流通

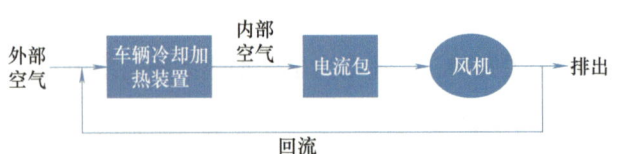

图 5-1-11　主动加热与散热——外部和内部空气流通

图 5-1-9 和图 5-1-10 中，尽管空气是经过汽车空调或供暖系统冷却和加热的，但它仍然是一种被动系统。运用这种方式加热时，由于引入环境空气的温度不一致，环境空气必须在一定温度范围（10~35℃）内才能正常进行管理，在环境极冷或极热条件下运行动力电池可能会产生较大的不均匀。

 引导问题 7：请查阅相关资料，简述动力电池加热系统的加热方法的分类。

知识点提示

五、动力电池加热系统的加热方法

1. 内部加热法

内部加热法是利用电流通过有一定电阻值的导体所产生的焦耳热来加热动力电池，导体为动力电池本身。

动力电池内部电解液在低温下黏度增大，阻碍了电荷载体的移动，导致动力电池内部阻抗增加，极端情况下电解液甚至会冻结。利用动力电池在低温条件下阻抗增大的特性，可采用阻抗生热的方式来保持动力电池的工作温度。

内部加热方法根据电流的正负流向不同，可具体分为充电加热法、放电加热法和交流激励加热法；根据提供电流的电源不同，可分为自损耗型加热和外部能源供给加热。

（1）**充电加热法**　动力电池低温充电加热方法是利用低温下动力电池阻抗增大的特性，在充电过程中产热使动力电池恢复常温。

充电加热法中，为避免蓄电池产生过电压，须对动力电池电压进行严格限制，但限制严重又会制约加热的灵活性和加热效果。

（2）**放电加热法**　放电加热法是利用动力电池放电过程中的内部阻抗产热实现动力电池的升温。动力电池放电与空气对流综合加热系统，利用车载动力电池的放电电流通过加热元件时所产生的热量加热元件周围空气，热空气通过风扇输送至动力电池，对动力电池进行加热和保温。同时，动力电池自身的产热也会加快动力电池的温度上升速率。

加热元件的电阻越小，系统的加热速率越快，效率就越高。但放电加热方法随着放电时间的增长，蓄电池能量的损耗就较大，且需要调节负载对蓄电池放电电流进行控制，这对放电负载要求较高。

当动力电池 SOC 较低时，放电加热方法的使用有局限性。在单体蓄电池内部埋设镍箔加热片，当检测到蓄电池温度低于 0℃时，就会引导电子穿过镍箔产生热量加热蓄电池自身。

放电加热法通过蓄电池放电产热和内部加热片综合升温，能在30s内将锂离子动力电池从–30℃加热到0℃以上，具有较好的温升效果和加热效率，但需要对动力电池单体结构进行较大的改动，从而一定程度上减小了蓄电池的能量密度。

（3）**交流激励加热法** 采用交流激励加热法对18650型锂离子蓄电池进行低温下内部加热，利用集总参数热模型仿真与实验验证相结合，得出在一定范围内，正弦交流电的幅值越高、频率越低，则动力电池的升温速度就越快。新型蓄电池内部结构如图5-1-12所示。

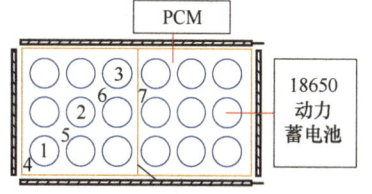

图5-1-12 新型蓄电池内部结构

当正弦交流电的幅值为7A（2.25C），频率为1Hz，而外部对流换热系数为$15.9W \cdot m^{-2} \cdot K^{-1}$时，动力电池可在15min内从–20℃升高到5℃，且动力电池内部温度分布均匀，验证了交流加热方法应用到锂离子动力电池的可行性。

2. 外部加热法

外部加热法依托车用热管理技术，通过在动力电池外部添加高温液体/气体、电加热板、相变材料及利用珀尔贴效应等方式来实现热量由外向内的热传导。

（1）**高温气体循环加热** 高温气体循环加热是指以空气作为介质直接穿过动力电池，从而达到加热动力电池的目的。

高温气体循环加热一般采用强制空气对流的方式，即通过外加风扇等装置将热空气送入动力电池箱，与动力电池进行热交换。

热空气可由加热片产生，也可利用电机散发出来的热量和车内功率较大的电子电器加热装置获取。

（2）**发动机供热加热** 对于混合动力汽车，可通过发动机提供加热空气的能量。这种方式要求尽可能增大空气与动力电池的热接触面积，具有成本低的优势，但动力电池的封装、安装位置和热接触面积需要重点设计，来提高能量利用率和加热均匀性。利用热空气直接对动力电池箱进行加热的方式，对空气调节系统负荷较大，且经济性较差。

（3）**高温液体循环加热** 高温液体循环加热与高温气体循环加热方法类似，但因液体边界层薄，具有导热率高的优势，故在相同流速下，直接接触式液体的热传导速率远高于空气。

此外，在较为复杂的工况下，液体可更好地满足电动汽车动力电池的热管理要求。

目前主要的方式是采用液体与外界进行热交换，把热量送入动力电池，可在模块间布置管线或围绕模块布置夹套，或把模块沉浸在液体中。

若液体与模块间采用传热管和夹套等，可采用水、乙二醇、油甚至制冷剂等作为传热介质。若动力电池沉浸在介质传热液中，必须采用绝缘措施防止短路。传热介质和动力电池壁之间进行传热的速率主要取决于液体的热导率、黏度、密度和流动速度。

目前液体加热方法对动力电池箱的密封和绝缘要求较高，这就增加了整个动力电池箱设计的复杂程度，在可靠性方面尚有许多问题需要解决。

（4）**加热板、加热膜加热** 加热板、加热膜类加热法是指在动力电池顶部、底部和之间添加电加热板，加热时电加热板通电，加热板的一部分热量通过热传导方式直接传给动力电池。

采用加热板加热时，加热时间较长，加热后动力电池温度分布不均匀、温差较大。

（5）**相变材料加热** 相变材料（PCM）由于有巨大的蓄热能力，被应用于动力电池热管理系统。相变冷却机理是靠相变材料的熔化潜热来工作，利用相变材料作为动力电池热管理系统时，把动力电池浸在相变材料中，相变材料吸收动力电池放出的热量，从而使温度迅速降低，热量以相变热的形式储存在相变材料中。相变材料填充法示意图如图 5-1-13 所示。

在低温环境下，相变材料通过从液态转变为固态过程中释放存储的热量，可对动力电池进行加热和保温。

在相变过程中，相变材料温度维持在相变温度，利用这个特性可有效解决动力电池在低温环境下温度过低的问题。只是相变材料的导热系数普遍较低，需要加入高导热材料（如膨胀石墨、碳纳米管等）增加其导热能力，这导致使用成本增加。

（6）珀尔贴效应加热　珀尔贴效应是指电流流过两种不同导体的界面时，将从外界吸收热量或向外界放出热量。珀尔贴效应加热法示意图如图 5-1-14 所示。利用珀尔贴效应这种特殊性质，通过改变电流的方向，可实现加热和制冷两种功能。加热和制冷的强度可通过调节电流的大小达到精确控制的目的。

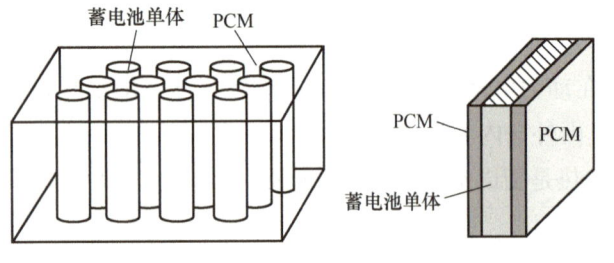

图 5-1-13　相变材料填充法示意图

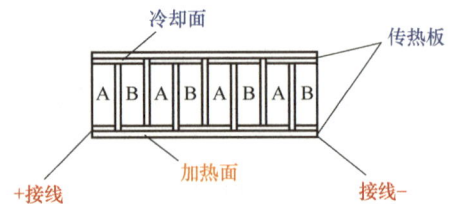

图 5-1-14　珀尔贴效应加热法示意图

目前珀尔贴效应在电子设备上已经有一定的应用，但在动力电池上的应用研究还较少。

利用珀尔贴效应进行动力电池热管理的效率相对较低，会增加电源的功耗。此外，基于珀尔贴效应的热管理系统，其加工制造工艺比较复杂，设计和使用成本较高。

对于混合动力电动汽车，多使用发动机冷却液对动力电池加热，使动力电池升温至正常工作温度，以实现起动和正常充、放电。该方法充分利用了发动机的热量，但其结构复杂、成本较高，存在加热缓慢和动力电池内、外温差大的缺点。

利用电热丝加热密闭动力电池、空气或加热动力电池表面，从而实现动力电池温升，其加热效率较低，且需较大空间，对车辆布局影响较大。

纯电动汽车可使用汽车空调对动力电池进行热管理。当动力电池温度低于一定阈值后，空调向动力电池输送热风，该方法能量损失较大，且加热效率低，系统加热响应较为缓慢，存在动力电池温度梯度较大的缺点。

> **引导问题 8**：请查阅相关资料，简述内、外部两种加热方法的优点和缺点。
> _____
> _____

知识点提示

六、内、外部加热方法的对比

外部加热方法依靠外部加热源通过热传导来加热动力电池，比内部加热法安全，但它一般需要额外的组件，且有结构较为复杂、能耗较高、加热温度场分布不均匀和加热较慢的缺点。外部加热方法采用的是动力电池外部热源，所以热量由动力电池外部传递到动力电池内部需要一定的时间，且易形成温度梯度。

内部加热方法依靠动力电池自身阻抗产热，具有加热快速且发热均匀的优势。内部加热方法的放电和充电两种直流电加热方式对设备要求低，适用性好，具有速度快、效率高、温升均匀的优点。

直流电加热方式在加热过程中产生的大电流和低温环境下的巨大内阻会使动力电池发生严重的副反应，且低温持续充电易导致锂离子蓄电池负极石墨产生"锂沉积"，造成动力电池使用寿命衰减过快，严重时"锂沉积"结晶会刺穿隔膜产生热失控。与直流电加热方式相比，交流电加热方式由于其交流电特性，可有效降低对动力电池的副作用。

从结构复杂度、加热速度、温升均匀性和使用安全性对上述动力电池的几种主要加热方法进行总结，见表 5-1-3。

表 5-1-3　动力电池不同加热方法性能对比

	加热方式	结构复杂度	加热速度	温升均匀性	使用安全性
外部加热法	气体循环加热	较高	低	差	较高
	液体循环加热	高	较低	差	中
	电热板加热	高	中	较差	中
	相变材料加热	高	较低	较差	较高
内部加热法	充电加热法	低	中	高	低
	放电加热法	低	较高	高	中
	交流加热法	较低	高	高	中

总体来看，内部加热方法对锂离子动力电池的适用性和加热效果具有很高的可行性，但内部加热方法应用于电动汽车的研究尚处于初级阶段，使用安全性有待进一步提高。

> **引导问题 9**：请查阅相关资料，简述动力电池加热系统在整车起动之前的控制方法。
> _____
> _____

知识点提示

七、加热系统的控制策略

1. 控制方法

（1）**行车中及停车后为动力电池充电时**　在行车过程及停车后为动力电池充电时，整车控制器通过蓄电池管理系统检测动力电池内的温度，当动力电池内的温度低于预定温度时，整车控制器控制辅助加热器加热，并控制电控阀的开度以分配高温冷却液的流量而调节动力电池内的温度，直到动力电池内的温度升高到预定温度范围内后才关闭辅助加热器及电控阀。

（2）**整车起动之前**　在整车起动之前，整车控制器接收到遥控器的启动信号后，通过蓄电池管理系统检测动力电池内的温度，若动力电池内的温度低于预定温度，整车控制器控制辅助加热器加热，并控制电控阀的开度以调节动力电池内的温度，直到动力电池内的温度升高到预定温度范围内后才关闭辅助加热器及电控阀。

为了充分利用辅助加热器的加热功能，上述动力电池加热系统还包括空调系统，所述辅助加热器内的热交换器的进水口通过水泵及水管与膨胀水箱的出水口相通，热交换器的出水口通过第二电控三通阀分别与空调系统的进水口、散热片的进水口相通，空调系统的出水口、散热片的出水口分别通过第一电控三通阀与膨胀水箱的进水口相通，所述第一电控三通阀、第二电控三通阀与整车控制器连接并受整车控制器控制。

2. 控制步骤

（1）**行车过程中**　在行车过程中，整车控制器通过蓄电池管理系统检测动力电池内的温度，还通过空调控制器检测车内温度传感器信号从而判断空调系统的工作状态。当动力电池内的温度低于预定温度或空调系统为加热状态时，整车控制器控制辅助加热器加热，并控制第一电控三通阀、第二电控三通阀的开度以分配高温冷却液的流量，调节动力电池内或车内的温度，直到动力电池内或车内的温度升高到预定温度范围内后才关闭辅助加热器。

（2）**停车为动力电池充电时**　在乘员离开车内并停车为动力电池充电时，整车控制器通过蓄电池管理系统检测动力电池内的温度。当动力电池内的温度低于预定温度时，整车控制器控制辅助加热器加热，并控制第一电控三通阀、第二电控三通阀和空调及膨胀水箱的相关管路的开度，以关闭空调系统的水循环通路，同时调节动力电池内的温度，直到动力电池内的温度升高到预定温度范围内后才关闭辅助加热器。

（3）**整车起动之前**　在整车起动之前，整车控制器接收到遥控器的启动信号后，通过蓄电池管理系统检测动力电池内的温度，整车控制器还检测车内的温度。当动力电池内或车内的温度低于预定温度时，整车控制器控制辅助加热器加热，并控制第一电控三通阀、第二电控三通阀的开度以分配高温冷却液的流量，调节动力电池内或车内的温度，直到动力电池内或车内的温度升高到预定温度范围内后才关闭辅助加热器。

动力电池设置有通风口，通风口与整车控制器连接并受整车控制器控制。当整车控制器控制辅助加热器只为动力电池加热时，整车控制器关闭动力电池的通风口，避免热量损失，提高动力电池的加热速度。

为提高环保性，辅助加热器采用乙醇加热器，燃料供给装置由耐醇材料制成。

工作计划

按照所学知识和小组内部讨论的结果，制订工作计划（表 5-1-4），包括资料查阅渠道的落实、任务实施中的内容分工等。

表 5-1-4　工作计划表

步骤	工作内容	负责人
1		
2		
3		
4		
5		

项目五　动力电池热管理系统检修

姓名　　　　　班级　　　　　日期

进行决策

1. 各组派代表阐述资料查询结果。
2. 各组就各自的查询结果进行交流并分享技巧。
3. 教师结合各组完成的情况进行点评，选出最佳方案。

任务实施

一、设备及工具准备

设备及工具准备见表 5-1-5。

表 5-1-5　设备及工具准备

序号	设备及工具名称	数量
1	比亚迪秦 EV	1辆
2	耐磨手套、绝缘手套	2套
3	工位安全套装	1套

二、场地设备准备

检查实训场地和设备设施是否清洁，是否存在安全隐患，配电箱、插排是否符合用电需求。如果不正常，应汇报教师后进行处理。

三、安全防护准备

1. 禁止在车辆上电高压情况下检查与更换蓄电池模块。
2. 禁止在带电状态下触碰任何带安全警示标志的部件。
3. 禁止徒手触摸任何橙色的线束。

四、实训记录

实训记录见表 5-1-6。

表 5-1-6　动力电池的热管理系统认知

序号	步骤	记录	完成情况
1	认识主要组成部件：制冷系统、供暖系统、蓄电池热管理水泵、四通水阀、板式换热器、膨胀水箱、各冷却液管道组成		已完成□ 未完成□
2	认识蓄电池热管理的功能：蓄电池内循环、蓄电池冷却和电池加热		已完成□ 未完成□
3	认识蓄电池内循环冷却液流动过程（工作条件：单节电池温度相差 5℃）：从热管理水泵出发，到达板式换热器，进入到动力电池，出来到四通阀再回到蓄电池热管理水泵		已完成□ 未完成□

（续）

序号	步骤	记录	完成情况
4	认识蓄电池冷却流程（制冷条件：动力电池温度超过35℃工作，降到33℃停止）：制冷系统开始制冷，电子膨胀阀打开，让低温低压的制冷剂流过板式换热器。动力电池冷却液内循环时，冷却液会吸收动力电池内部的热量，当冷却液流经板式换热器时进行热交换，冷却液温度降低，继续循环到动力电池内部带走热量，达到冷却蓄电池的目的		已完成□ 未完成□
5	认识蓄电池电池加热流程（工作条件：温度≤5℃时开始工作，高于10℃停止）：供暖系统开始工作，四通阀阀口两两导通。动力电池内部的冷却液出来到四通阀到达供暖系统冷却液循环管道。冷却液经过PTC加热器加热后从四通阀到达蓄电池热管理水泵。冷却液在热管理水泵的作用下，继续循环到板式换热器，进入到动力电池内部进行加热，不断循环达到给蓄电池加热效果		已完成□ 未完成□

评价反馈

1. 各组代表展示汇报 PPT，介绍任务的完成过程。
2. 以小组为单位，对各组的操作过程与操作结果进行自评和互评，将结果填入表 5-1-7 中。

表 5-1-7　学生评价表

姓名			学号			班级				组别			
实训任务													
评价项目	分值	等级				评价对象（组别）							
		A	B	C	D	1	2	3	4	5	6	7	8
方案合理	20	20	15	10	5								
团队合作	20	20	15	10	5								
工作质量	20	20	15	10	5								
工作规范	20	20	15	10	5								
汇报展示	20	20	15	10	5								
合计	100	各组得分											
总结与反思													

（如：学习过程中遇到的问题→如何解决的 / 解决不了的原因→心得体会）

3. 教师对学生工作过程与工作结果进行评价,将评价结果填入表 5-1-8 中。

表 5-1-8 教师对学生评价表

姓名				学号		班级		组别	
实训任务									
评价项目				评价标准				分值	得分
考勤（10%）				无无故迟到、早退、旷课现象				10	
工作过程（60%）	知识目标		获取信息	掌握工作相关知识				10	
			进行决策	制订工作方案，方案合理可行				10	
	技能目标		任务实施	了解动力电池的热管理系统的主要组成部件				5	
				熟悉动力电池热管理系统的功能				5	
				了解动力电池冷却与加热的过程				10	
	素养目标		工作态度	认真严谨、积极主动、安全生产、文明施工				5	
			团队合作	与小组成员、同学之间能合作交流、协调工作				5	
项目成果（30%）			工作质量	严格按照工作方案操作，按计划完成工作任务				10	
			工作完整	能按时完成工作任务的所有环节				10	
			工作规范	能在整个操作过程中规范操作，避免意外事故发生				10	
			汇报展示	能准确表达、汇报工作成果				10	
合计								100	
综合评价				学生评价（50%）		教师评价（50%）		综合得分	
				（作业过程中存在的问题及改进建议）					
综合评语									

任务二　动力电池热管理系统故障诊断与检修

任务目标

知识目标
1. 掌握水泵的工作原理。
2. 掌握四通电磁阀的工作原理。
3. 掌握冷却风扇的工作原理。

技能目标
具有检修冷却风扇低速档不运转故障的能力。

素养目标
1. 培养认真严谨、积极主动、安全生产、文明施工的工作态度。
2. 与小组成员、同学之间能合作交流、协调工作。
3. 严格按照工作方案操作，按计划完成工作任务。

任务框图

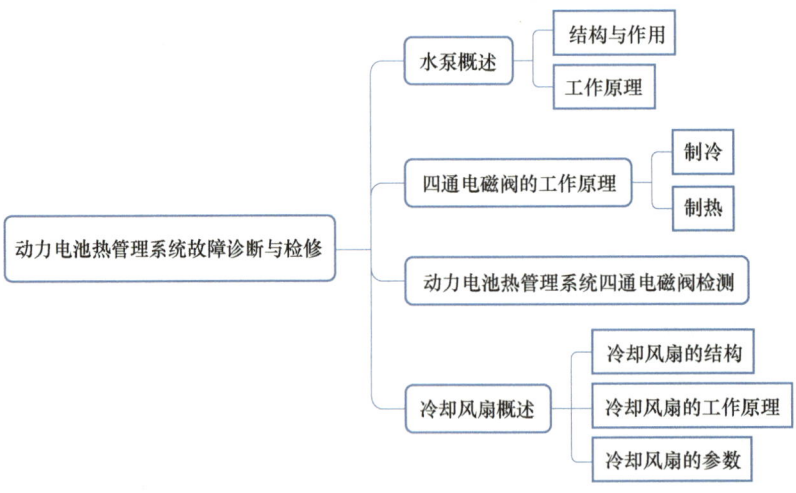

任务导入

　　一辆比亚迪秦 EV 打开点火开关后，发现冷却风扇不运转，车主将该车送往 4S 店进行维修。作为一名助理工程师，你要怎么解决这个故障？

任务分组

学生任务分配表见表 5-2-1。

表 5-2-1　学生任务分配表

班级		组号		指导老师	
组长		学号			
组员	姓名：_____	学号：_____		姓名：_____	学号：_____
	姓名：_____	学号：_____		姓名：_____	学号：_____
	姓名：_____	学号：_____		姓名：_____	学号：_____
	姓名：_____	学号：_____		姓名：_____	学号：_____
任务分工					

（就组织讨论、工具准备、数据采集、数据记录、安全监督、成果展示等工作内容进行任务分工）

获取信息

引导问题 1：请查阅相关资料，简述水泵在动力电池热管理系统中的作用。

_____

_____

动力电池热管理系统水泵检测

知识点提示

一、水泵概述

1. 结构与作用

动力电池热管理系统的水泵由冷却泵、涡轮、电动机和壳体等组成。水泵是冷却液循环的动力元件，如图 5-2-1 所示。水泵的作用是泵动动力电池中的冷却液，对冷却系统的冷却液加压，促使冷却液在冷却系统中循环，带走动力电池系统散发的热量，给动力电池进行降温。

新能源汽车动力电池系统放电或充电的过程中，水泵会一直工作。比亚迪秦 EV 车型的水泵通过 PWM 信号将信息传给空调控制器，由空调控制器来控制水泵的转速，满足动力电池的散热要求。

图 5-2-1　水泵

2. 工作原理

动力电池补偿水壶、散热器、水泵内均充满冷却液，叶轮被驱动旋转，冷却液被叶轮带动一起旋转，在离心力的作用下，冷却液甩向叶轮边缘，从排水口甩出后进入动力电池进水管，与此同时，叶轮中心产生真空度，冷却液从水泵进入口被吸入泵壳内。叶轮不停地旋转，冷却液就不断地循环。当水泵不转时，动力电池系统或驱动电机及控制系统会出现过热故障，车辆会限功率行驶或停机。

> **引导问题 2**：请查阅相关资料，简述四通电磁阀在制冷过程中的操作。
> _____
> _____

知识点提示

二、四通电磁阀的工作原理

1. 制冷

纯电动汽车制冷是通过电动压缩机、冷凝器、电子膨胀阀、蒸发器、鼓风机、空调控制器（集成式车身控制器）和空调制冷管路等组件组合成的系统来实现的。空调控制器通过控制电动压缩机转速、电子膨胀阀、鼓风机和冷暖风门来实现空调的制冷。当驾驶室需要制冷时，电子膨胀阀 1 打开，电子膨胀阀 2 关闭；当动力电池和驾驶室同时需要制冷时，电子膨胀阀 1 和 2 打开，同时四通阀 AB 端和 CD 端通，AC 和 BD 不通；当动力电池的温度持续上升到 50℃后，温度降不下来，无论驾驶室是否需要制冷，空调控制器会控制电子膨胀阀 1 关闭，如图 5-2-2 所示。

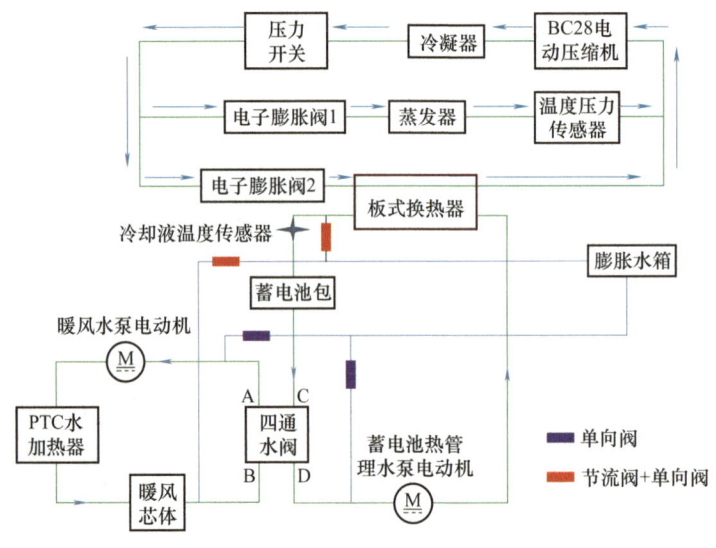

图 5-2-2　制冷工作原理

2. 制热

当打开空调的制热状态时，通过水加热 PTC、暖风水泵、暖风芯体、鼓风机、空调控制器和空调采暖管路等组件组合成的系统来实现的。2021 款比亚迪秦 EV 空调控制器集成在车身控制器中，空调控制器（集成式车身控制器）控制 PTC 水加热器暖风电动水泵、鼓风机和冷暖风门来实现空调的采暖。动力电池加热只发生在充电阶段，当动力电池的温度低于 5℃时，空调控制器会控制 PTC 加热冷却液，然后通过水泵、板式换热器模块给动力电池加热，当动力电池温度高于 10℃时，停止 PTC 加热功能。此时四通阀的管路 AC 通、BD 通；AB 不通和 CD 不通，如图 5-2-3 所示。

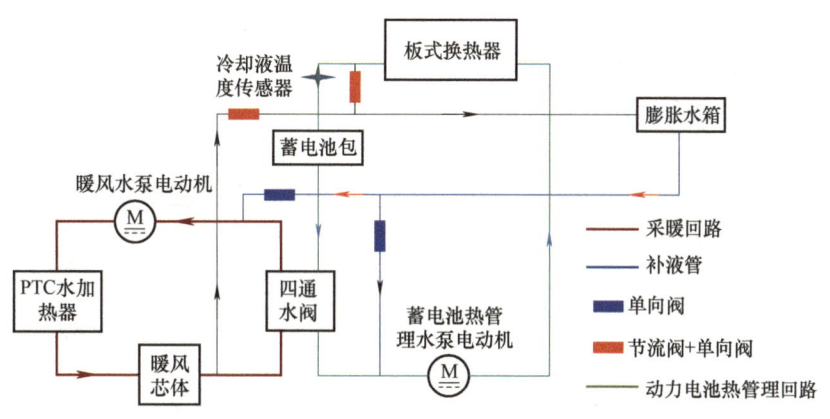

图 5-2-3　制热工作原理

> **引导问题 3**：请查阅相关资料，简述动力电池热管理系统四通电磁阀检测的步骤。
> _____
> _____
> _____

动力电池热管理系统四通电磁阀检测

知识点提示

三、动力电池热管理系统四通电磁阀检测

步骤 1：查询空调控制器电气原理图（图 5-2-4），使用万用表测量空调控制器的电源（图 5-2-5），IG4 的电压为 13.7V，正常。

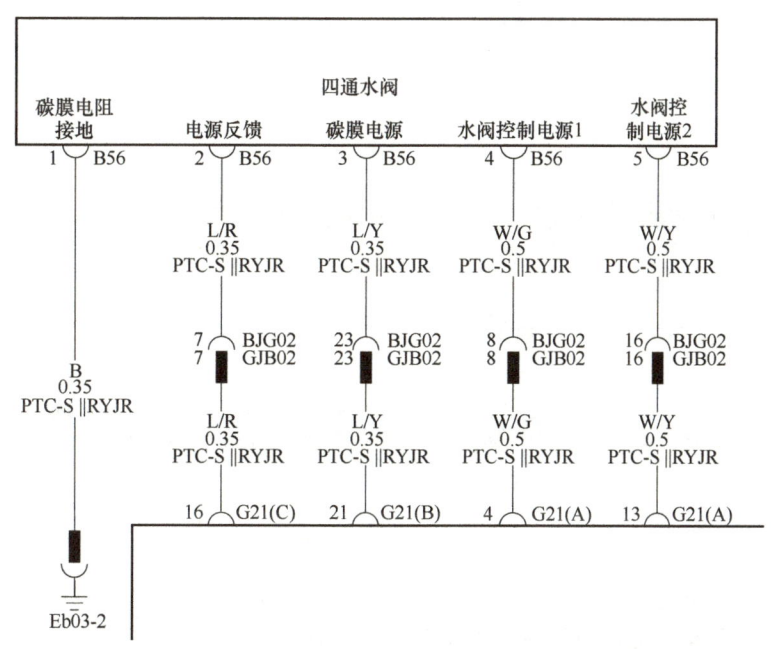

图 5-2-4　空调控制器电气原理图

步骤 2：使用万用表测量四通阀电源 1 与 GND 之间的电压（图 5-2-6）为 13V，正常。

步骤 3：使用万用表测量四通阀电源 2 与 GND 之间的电压（图 5-2-7）为 13V，正常。

图 5-2-5 测量空调控制器的电源

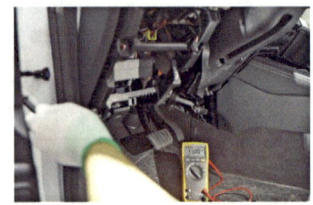
图 5-2-6 测量四通阀电源 1 与 GND 之间的电压

步骤 4：使用万用表测量四通阀的电压（图 5-2-8）为 13V，正常。

步骤 5：使用万用表测量碳膜电阻电源与碳膜电阻地之间的电压（图 5-2-9）为 4.922V，正常。

图 5-2-7 测量四通阀电源 2 与 GND 之间的电压

图 5-2-8 测量四通阀的电压

图 5-2-9 测量碳膜电阻电源与碳膜电阻地之间的电压

❓ 引导问题 4：请查阅相关资料，简述冷却风扇的工作原理。

冷却风扇低速档不运转的故障维修

知识点提示

四、冷却风扇概述

1. 冷却风扇的结构

目前纯电动汽车驱动电机及控制器的散热都是采用液冷方式，液冷系统由冷却风扇、散热器和冷却水泵组成，通过冷却液循环完成电动机及控制器的散热。其中，不同于传统汽车，纯电动汽车在冷却风扇选择上都倾向于电子冷却风扇。

电子冷却风扇是检测驱动及控制系统（包含电机、电机控制器、DC/DC、OBC 等）的各零部件温度。电子冷却风扇的转速一般由低速、高速两档,当冷却液温度到45℃时,整车控制器(VCU)会控制散热风扇开启低速运转,对驱动及控制系统进行降温;当冷却液温度>50℃时,VCU会控制散热风扇开启高速运转,对驱动及控制系统进行降温。根据零部件温度值不同,开启不同档位,满足散热需求。

电子冷却风扇的结构如图5-2-10所示。

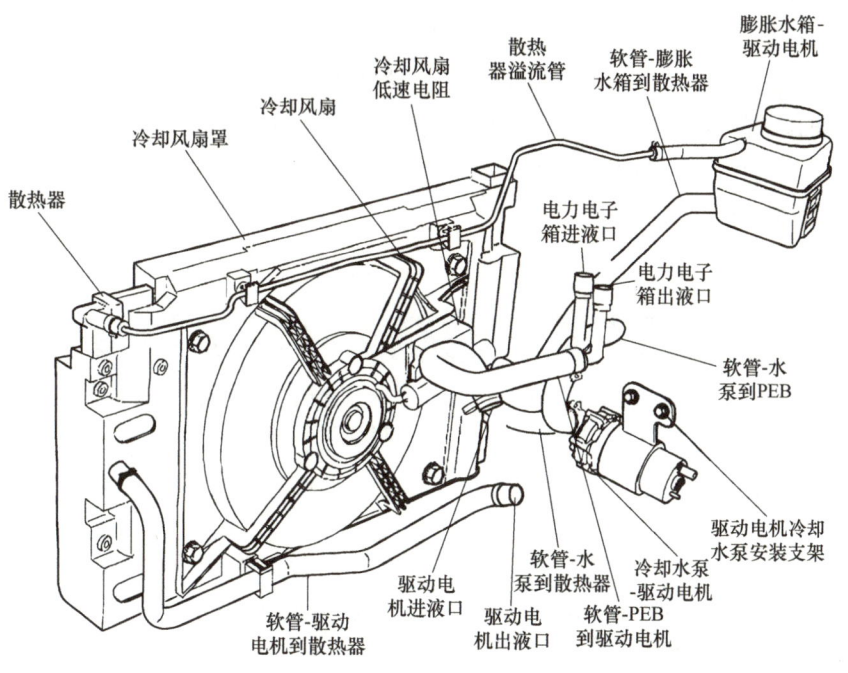

图 5-2-10 电子冷却风扇的结构

2. 冷却风扇的工作原理(图5-2-11)

冷却风扇受整车控制器(VCU)控制。当冷却液温度高于45℃时,VCU会接收到温度信号,此时冷却风扇开始工作,VCU控制脉冲宽度调制(PWM)模块使冷却风扇以在20%~90%的占空比范围内的8个档位的速度工作。冷却风扇开启条件取决于电动空调压缩机(EAC)和电机控制器(MCU)冷却液温度这两个重要因素。

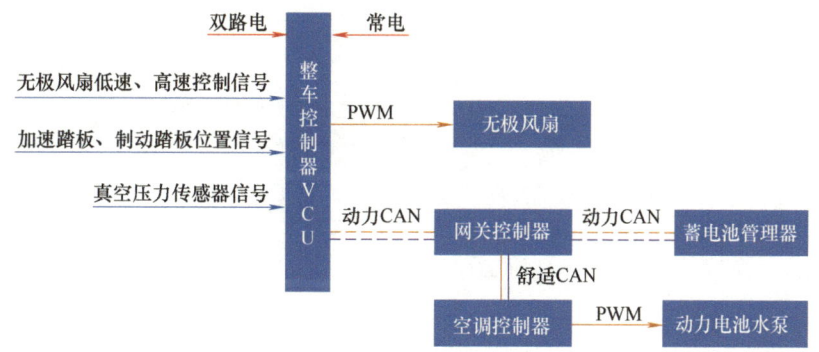

图 5-2-11 冷却风扇的工作原理

当电动空调压缩机(EAC)开启或电机控制器(MCU)冷却液温度高于45℃时,冷却风扇开始工作。冷却风扇停止工作的条件:电机控制器(MCU)冷却液温度低于65℃(实测47℃),电动空调压缩机(EAC)关闭。起动开关关闭、电动空调压缩机(EAC)关闭时,若电机控制器（MCU）冷却液温度高于 65℃，则冷却风扇继续工作；环境温度低于 10℃时工作 30s；环境温度高于 10℃时工作 60s。

3. 冷却风扇的参数

根据控制方式的不同，纯电动汽车的驱动电机电子冷却风扇有智能温控风扇和非温控风扇之分。非温控风扇通电即工作，转速固定。智能温控风扇以单片机的电子控制技术为核心，可以接受并转换 PWM 信号，可以实现 CAN 总线控制。有的智能温控风扇需要外接 ECU 控制器，风扇的控制策略程序写在其单片机上，ECU 和风扇对应，不能与市场上其他品牌风扇通用。有的智能温控风扇把控制程序写在风扇电动机上，无需 ECU 控制器，通用性强。这两种风扇都有无刷和有刷的区别，建议选用直流无刷电子冷却风扇，无需 ECU 的电子冷却风扇。

纯电动汽车驱动电机冷却风扇选型时要参考风扇的直径、转速、耐温、防护等级、换风方式等参数，见表 5-2-2。

表 5-2-2　冷却风扇的参数

序号	参数	内容
1	直径	风扇的直径越大，风量越大，但不是越大越好。电子冷却风扇需要和散热器匹配，满足纯电动汽车驱动电机散热需求即可。直径越大，噪声越大
2	转速	关于冷却风扇的转速，大部分电子冷却风扇转速都差不多
3	耐温	冷却风扇的耐温方面，电子风扇耐高温性能越好，安全性越高，反之则低
4	防护等级	电子风扇有防尘、防水需求，防护等级一定要高，最好达到 IP68，也就是防尘、防水等级标准的最高级别
5	换风方式	电子风扇的换风方式是指吸风和吹风。大部分电子冷却风扇都是有吸风和吹风区别，需要根据冷却系统整体安装位置决定。现在有一种直流无刷电子冷却风扇，可以实现正、反转，只需调整内置控制程序即可切换

工作计划

按照所学知识和小组内部讨论的结果，制订工作计划（表 5-2-3），包括资料查阅渠道的落实、任务实施中的内容分工等。

表 5-2-3　工作计划

步骤	工作内容	负责人
1		
2		
3		
4		
5		

进行决策

1. 各组派代表阐述资料查询结果。

2. 各组就各自的查询结果进行交流并分享技巧。
3. 教师结合各组完成的情况进行点评,选出最佳方案。

任务实施

一、设备及工具准备

设备及工具准备见表 5-2-4。

表 5-2-4 设备及工具准备

序号	设备及工具名称	数量
1	比亚迪秦 EV	1 台
2	万用表及表笔	1 辆
3	耐磨手套	1 台
4	故障诊断仪	1 台
5	万用接线盒	1 双

二、场地设备准备

任务实施前需要做好场地防护准备,检查实训场地和设备设施是否及存在安全隐患。如果不正常,应汇报教师后进行处理方可实施任务。

三、安全防护准备

1. 穿戴绝缘鞋和安全帽。
2. 设置隔离栏隔离维修工位。
3. 在工位出口处设置高压安全警示牌,提醒周边人员工位正在进行高压电气维修。
4. 记录车辆铭牌信息。

四、实训记录

实训记录见表 5-2-5。

表 5-2-5 冷却风扇低速档不运转的故障检修

序号	步骤	记录	完成情况
1	打开起动开关,发现冷却风扇不运转		已完成□ 未完成□
2	冷却水泵正常运转,使用万用表测量水泵正、负极之间的电压为12V,触摸水泵有震动		已完成□ 未完成□
3	关闭起动开关,拆下冷却风扇的插件,测量风扇端正、负极之间的电阻值小于1Ω,正常		已完成□ 未完成□
4	插上冷却风扇的插件		已完成□ 未完成□

（续）

序号	步骤	记录	完成情况
5	查整车控制器电气原理图，测量整车控制器端 GK49 19# 与 GND 之间的电压，正常值小于 1V		已完成□ 未完成□
6	用万用表测量前机舱配电盒 29/B1D 与 GK49 19# 的电阻值为无穷大，异常		已完成□ 未完成□
7	恢复电路，上电清除故障码，重新扫描故障，排除故障码。使用万用表测量前机舱配电盒 29/B1D 与 GK49 19# 的电阻值，正常值 0Ω		已完成□ 未完成□

评价反馈

1. 各组代表展示汇报 PPT，介绍任务的完成过程。
2. 以小组为单位，对各组的操作过程与操作结果进行自评和互评，将结果填入表 5-2-6 中。

表 5-2-6　学生评价表

姓名		学号			班级			组别				
实训任务												
评价项目	分值	等级				评价对象（组别）						
		A	B	C	D	1	2	3	4	5	6	7	8
方案合理	20	20	15	10	5								
团队合作	20	20	15	10	5								
工作质量	20	20	15	10	5								
工作规范	20	20	15	10	5								
汇报展示	20	20	15	10	5								
合计	100	各组得分											
总结与反思													

（如：学习过程中遇到的问题→如何解决的/解决不了的原因→心得体会）

3. 教师对学生工作过程与工作结果进行评价，将评价结果填入表 5-2-7 中。

表 5-2-7　教师对学生评价表

姓名			学号		班级		组别	
	实训任务							
	评价项目			评价标准			分值	得分
	考勤（10%）			无无故迟到、早退、旷课现象			10	
工作过程 （60%）	知识目标	获取信息		掌握工作相关知识			10	
		进行决策		制订工作方案，方案合理可行			10	
	技能目标	任务实施		掌握水泵的工作原理			5	
				掌握四通电磁阀的工作原理			5	
				能够进行冷却风扇低速档不运转的故障检修			10	
	素养目标	工作态度		认真严谨、积极主动、安全生产、文明施工			5	
		团队合作		与小组成员、同学之间能合作交流、协调工作			5	
		工作质量		严格按照工作方案操作，按计划完成工作任务			10	
项目成果 （30%）		工作完整		能按时完成工作任务的所有环节			10	
		工作规范		能在整个操作过程中规范操作，避免意外事故发生			10	
		汇报展示		能准确表达、汇报工作成果			10	
				合计			100	
综合评价		学生评价（50%）			教师评价（50%）		综合得分	
综合评语		（作业过程中存在的问题及改进建议）						

情智课堂

李书福：从冰箱"草根"到汽车"狂人"

1984 年，年仅 21 岁的李书福与人合伙开了一家作坊式小厂，替一些大冰箱厂加工小配件。当时冰箱市场供不应求的状况带动了制冷元件产业的发展，李书福看准了这一商机，请上海专家攻克了冰箱蒸发器的技术难关，他逐渐成为浙江省首屈一指的制冷元件供应商。后来，上海、山东几家冰箱大厂相继成了他的客户。1986 年，李书福逐渐向下游产业渗透，成立了北极花电冰箱厂，开始制造成品冰箱（图 5-2-12）。当时由于计划经济体制刚被打破，冰箱市场正呈饥渴状态，北极花冰箱在很多市场脱销，品牌逐渐得以形

图 5-2-12　北极花冰箱

成，李书福也完成了最初的资本积累。

1993年，李书福去某大型国有摩托车企业参观考察，看见摩托车产销两旺的势头，就向该企业老总提出为他们做车轮钢圈配件，对方认为民营厂做不了高技术含量的配件，把他打发走了。不信邪的李书福憋着一肚子气，提出要自己制造摩托车整车，周围一片反对声，连他的亲兄弟都觉得他不自量力。但李书福决心已下，经过再三考察，他收购了浙江临海一家有摩托车生产权的国有邮政摩托车厂"借船出海"。只用了7个月的时间，吉利集团就开发出国内同行一直没有解决的摩托车覆盖件模具，并率先研制成功四冲程踏板式发动机。接着吉利集团与行业领军者嘉陵强强联合，生产"嘉吉"牌摩托车。不到一年，吉利集团开发出中国第一辆豪华型踏板式摩托车，很快便占据国内踏板车销量榜首，还出口美国、意大利等32个国家和地区。1999年，吉利摩托车（图5-2-13）产销43万辆，实现产值15亿元，吉利集团因此赢得了"踏板摩托车王国"的美誉。

造轿车是李书福最大的梦想。多年来，他总是在琢磨：作为国民经济"三驾马车"之一的汽车产业应该有更大的文章可做，而市场上还没出现中国老百姓买得起的小轿车。1997年，在有了摩托车所带来的丰厚利润作为圆梦的坚强后盾之后，李书福决定进入家用轿车领域。这在当时是一般民营企业家连想都不敢想的事，再次招致包括一起创业的亲兄弟在内的所有

图5-2-13　吉利摩托车

人的反对。李书福对他们说："造汽车没有什么神秘的，无非就是四个轮子加一个方向盘再加一个发动机。世界汽车工业已经形成了非常成熟的技术，完全可以为我所用。只要有钱，就可以买到技术、买来零配件，请到人，设计出好的产品。我心已决，哪怕倾家荡产，头破血流，我也要干！"

1997年，某部下属的四川省一家生产小客车的企业濒临倒闭，经过多方努力，吉利集团与之合作成功。对方以目录、生产权、部分设备等折价入股，吉利集团投资1400万元，成立了四川吉利波音汽车制造公司。

1998年底，第一辆两厢"吉利豪情"汽车下线（图5-2-14）。李书福把"吉利豪情"的市场价定在4.79万元，成为当时中国最便宜的电喷车。其优越的性能价格比得到了众多家庭购车者的关注，市场需求渐旺。2000年，李书福在浙江省宁波市投资7亿多元，征地1000亩，建立吉利美日工业园，加上此前建立的临海基地，初步形成了年产20万辆汽车的生产能力。

图5-2-14　吉利豪情汽车

2001年11月9日，吉利集团生产的JL6360轻型客车在国家经贸委发布的中国汽车生产企业产品《公告》上出现；2001年12月26日，国家经贸委发布了第七批车辆生产企业及产品《公告》，吉利集团生产的轻型客车HQ6360、MR6370和三厢式轿车MR7130名列其中，真正实现了从生产两厢轻型客车到生产三厢轿车的跨越。这标志着民营企业成为中国汽车制造业的正规军。

李书福热爱创新发明，在造汽车之前他就造冰箱、造装潢材料、造踏板摩托车。在进入技术密集型的汽车行业后，李书福在创业之初便以半个技术人员的身份投身工厂，有时候为了搞明白一个问题，一泡车间就是一整天。现在，李书福不仅是优秀企业家，也是正高级经济

师、高级工程师,以李书福为第一发明人的专利有1000多件,李书福作为唯一发明人的专利有100多件。

　　李书福的创新精神也影响了他创立的吉利集团。开发汽车时,李书福就认为中国汽车的价格是畸形的,与外国相比,中国的吃穿用品几乎没有一样比别人的贵,只有汽车例外。当时的意大利人,年收入可买两三辆汽车,而当时的中国人,5年省吃俭用也买不起一辆汽车。这其中正孕育着发展的机会,所以他提出了设计4万元左右的轿车。但以吉利集团的实力,显然没法与跨国企业和合资企业全面对抗,还不如先一步占据他们最没有竞争力的低端市场。于是李书福就提出这样一个制造理念:建造一个适度规模的汽车生产线,专门生产大汽车公司不愿生产、国内普通百姓实现汽车梦迫切需要的那种轿车。做他人不愿做的事情,这正是吉利创新精神的体现。

　　吉利集团的创新还体现在成本控制上。他们避开了大集团那样大规模生产的做法,而是根据销售量建厂,充分利用了当时浙江省是全国汽车零部件工业最发达地区的优势,实现零部件生产本地化,让汽车制造成本大大降低。李书福认为吉利集团的浙江省宁波基地15万辆的生产规模总共投资虽然才7亿多元,但并不比那些投资上百亿元的大型生产企业逊色。

　　李书福带领的吉利集团始终坚持走中国创造的道路,在创新理念、创新体制、创新经营、创新技术的各种力量推动下,吉利汽车在市场上一路高奏凯歌。继推出了中国家庭买得起的汽车,2003年吉利集团推出了具有中国自主知识产权的"中国第一跑车"——美人豹。

　　创新精神成就了李书福与吉利集团,我们在日常的生活与工作中也应当对所学习或研究的事物持有怀疑态度,多实践,多思考,多动手验证,做一个国家与社会需要的创新型人才。

参考文献

[1] 谭婷，李健平. 新能源汽车电池及管理系统检修［M］. 北京：机械工业出版社，2019.

[2] 约翰·沃纳. 锂离子电池组设计手册 电池体系、部件、类型和术语［M］. 王莉，何向明，赵云，等译. 北京：清华大学出版社，2019.

[3] 蒋鸣雷. 新能源汽车动力电池结构与检修［M］. 北京：机械工业出版社，2020.

[4] 胡信国，王殿龙，戴长松. 动力电池材料［M］. 北京：化学工业出版社，2013.

[5] 徐晓明，胡东海. 动力电池系统设计［M］. 北京：机械工业出版社，2019.